가정은
희생할 만한

가치가 있다

가정은 희생할 만한 가치가 있다

강이엘 지음

렛츠북

프롤로그

1년 전 유나 엄마를 만난 적이 있다. 이혼할지 말지 결정을 못한 채 심한 갈등을 겪고 있었다. 남편이 동네 탁구클럽에서 알게 된 여자와 바람이 나 둘이 몰래 해외여행을 떠난 것을 알게 되었다면서 눈물을 펑펑 쏟았다.

오래전 내 모습을 보는 듯해 마음이 아팠다. 내 경험을 들려주었다. 우여곡절을 겪으며 힘들었던 나의 지난 이야기를 들으며 유나 엄마는 새 힘을 얻는 것 같았다. 그 후 그녀는 수개월 동안 인내하며 어려운 과정을 이겨냈다. 최근 유나 엄마는 남편이 마음으로 여자를 정리했고 돌아올 준비를 하고 있다고 말하며 기쁨과 확신에 찬 눈물을 흘렸다. 죽을 것 같은 고통을 겪으면서도 아이들을 위해 끝까지 가정을 지켜낸 유나 엄마의 모습이 참으로 장하게 느껴졌다.

내가 이혼하지 않고 지내온 지난날은 실로 아슬아슬했다. 이혼해야 할 이유는 많았고 이혼으로 가는 길도 넓었다. 그동안 눈물 골짜기와 어두운 터널을 지나오며 상처받고 좌충우돌했다. 정신적

가정은 희생할 만한 가치가 있다

낭떠러지 끝에 아스라이 서서 숨이 목구멍까지 차올라 헉헉거리기도 했다. 그때마다 이혼을 떠올렸다. 더는 아니다 생각하고 실행하려고 굳게 결단한 적도 몇 번 있었다. 그런데 번번이 수포로 돌아갔다.

그러는 동안 깨달았다. 가정이 얼마나 가치 있고 소중한지를.

내 이야기를 듣고 책을 써보라고 말하는 사람들이 있었다. 나의 경험이 고통 중에 있는 사람들에게 소망을 줄 수도 있다고 했다. 주변에서 들리는 안타까운 사연들은 글을 재촉하는 촉진제가 되었다. 그래서 모래바람으로 앞이 안 보이는 사막 길을 지나오는 동안 가슴으로 써왔던 지난날의 조각들을 하나하나 모아보기로 했다.

이 책에는 괴로운 결혼생활 가운데 끝이 어디인지도 모른 채 막막한 사막의 메마름을 경험했던 이야기를 담았다. 역기능 가정에서 태어나 정서적으로 취약했던 어린 시절과 야생마 같은 남편의 이야기를 넣었다. 그리고 지옥의 문턱까지 갔다가 하나님의 사람들을 만나 살아난 이야기와 조금씩 변화되고 성장해 가는 모습을 기록했다. 칠흑같이 어두운 밤을 지나며 대가를 치른 처절한 결혼생활 동안 깨달은 보석 같은 진리를 담으려고 했다.

20만 쌍의 결혼 중에 10만 쌍이 이혼한다는 시대이다. 이 글이 위기에 놓여 갈등하는 누군가에게 위로와 도전이 되기를 소망해 본다. 마음이 힘들고 어려울 때 어디 의논할 곳 없어 막막했던 지난날을 기억하며 썼다. 위기 앞에 선 이들에게 가정의 소중함을 다시금 생각해 보길 바라는 마음으로 부끄러운 나의 속살 같은 이야기를 있는 그대로 드러냈다.

혹시 이혼할 생각이 드는가? 그렇다면 이 책을 읽을 때까지 유보하기를 강하게 권하고 싶다. 절대 이혼하면 안 된다고 말하는 게 아니다. 가정의 소중함, 가정의 가치를 다시 한번 생각해 보라는 것이다. 변해가는 세상 속에서 중요성을 아무리 강조해도 지나치지 않은 것은 가정이기 때문이다. 세상이 아무리 변해도 가정은 내가 희생할 만큼 영원히 변치 않는 가치가 있는 곳이다.

목차

프롤로그　　004

1장　절벽에서 떨어지다

　1. 그날　＊　010
　2. 분노의 폭발　＊　022
　3. 임신할 수 있는 여자　＊　028
　4. 손등이라도 스쳐봤으면　＊　035
　5. 생애 최고의 선물　＊　042

2장　화성남과 금성녀의 비밀

　1. 남다른 출생　＊　050
　2. 금성녀가 살아남는 법　＊　058
　3. 화성남이 사는 법　＊　068
　4. 교회로 간 여자　＊　074
　5. 잘나가던 남자　＊　081
　6. 금성과 화성의 랑데부　＊　085

3장   멈추지 않는 롤러코스터

    1. 집에서 나가라!   *   092
    2. 이혼 결정   *   101
    3. 극단적인 생각   *   113
    4. 터닝 포인트   *   121
    5. 희생할 만한 가치   *   127
    6. 천생연분   *   133

4장   새벽 길목

    1. 만학의 시간   *   142
    2. 역할이 바뀌고   *   150
    3. 눈이 열릴 때   *   156
    4. 사랑 고백   *   167
    5. 문제아 뒤의 부모   *   174
    6. 온전한 첫 월급   *   192

에필로그   202

1장

절벽에서 떨어지다

1. 그날

※

사라진 남편

새벽 4시, 형언할 수 없는 불안과 초조감으로 꼬박 이틀을 지새 웠다. 다시 남편 사무실로 가봐야 할 것 같다. 극도로 경직되고 불 안해 손이 파르르 떨린다. 한겨울 차가운 새벽공기를 온몸으로 느 끼며 집을 나섰다.

1981년 12월 28일, 결코 잊을 수 없는 날이다.

덕소에서 버스를 타고 40여 분, 마장동 시외버스 터미널로 갔 다. 추운 새벽이라 사람이 거의 없고 버스 두어 대가 출발 시간을 기다리고 있다. 6시 30분, 이천행 첫차에 몸을 실었다. 차창 밖은 어두워 아무것도 보이지 않는다. 몸이 천근만근인데 눈을 붙이고 싶어 눈을 감아도 잠이 오지 않는다. 지난 이틀간의 일들이 파노라 마처럼 스쳐 간다.

사흘 전인 크리스마스 날은 금요일이었다. 결혼 3년 차, 아이가

가정은 희생할 만한 가치가 있다

없고 남편도 멀리 있어서인지 들뜬 성탄절 분위기에 마음이 허전했다. 연말이라 남편이 회사 일로 바쁠 것 같아 직접 그곳으로 찾아가기로 했다. 퇴근할 때쯤 만나 함께 밥 먹고 돌아오면 되겠다고 생각했다. 큰맘 먹고 고급 만년필을 선물로 샀다.

올해도 어김없이 거리마다 캐럴이 울려 퍼지고 있다. 화려한 불빛들이 경쟁이라도 하듯 거리를 수놓고 있다. 가게마다 꼬마전구로 만든 크고 작은 크리스마스트리가 반짝거리는 쇼윈도도 사치스럽기 그지없다. 지나가는 사람들은 콧노래로 캐럴을 흥얼거린다. 야간 통행금지가 있던 당시에 이날은 통금이 해제되는 날이다. 수많은 사람이 해방된 기분을 만끽하러 거리로 쏟아져 나와 몰려다닌다. 시즌 분위기는 흥겨움으로 즐거움을 만끽하며 발걸음들이 가볍기만 하다.

가방에 손을 넣어 만년필을 다시 확인하고 두근거리는 가슴으로 마장동에서 이천으로 향했던 버스에서 내렸다. 퇴근 시간에 맞추느라 조급한 마음으로 사무실에 도착했다. 그런데 사무실 문이 굳게 닫혀있는 것 아닌가? 크리스마스라고 일찍 퇴근했나? 사무실에서 멀지 않은 남편 하숙집으로 찾아갔다. 그런데 하숙집 방에 불이 꺼져있고 문도 잠겨있었다. 휴대폰이 없던 시절이라 막막했다. 출발 전에 미리 사무실로 전화할까 생각도 했지만 오지 말라고 할 것 같아 그냥 찾아온 건데, 허탈했다. 혹시 집으로 돌아가는 남편과 길이 엇갈린 것은 아닐까? 부랴부랴 되돌아서 버스를 타고 밤 늦게 덕소 집으로 돌아왔다. 남편은 집에 없었다. 무슨 일이지? 무어라 표현할 수 없는 불안과 두려움이 가슴을 가득 채우고 있었다.

밤을 지새우다시피 하며 기다렸건만 남편은 다음 날도 그다음 날도 들어오지 않았다. 그는 매년 크리스마스와 연말 분위기를 즐기는 사람이다. 이 시즌에 나를 피해 어디서 지내고 있을까? 아무런 정보가 없어 알 길이 없었다. 주말 내내 기다리다가 결국 월요일 새벽 첫차를 타고 다시 이천으로 가게 되었다.

✳

하늘이 무너졌다

이천 터미널에 내려 다시 사무실을 찾아갔다. 사무실 문은 아직 잠겨있다. 출근하기엔 좀 이른 시간이라는 생각이 들었다. 하숙집으로 발길을 돌렸다.

대문을 열자 나열된 여러 개의 방이 한눈에 들어왔다. 하숙만 치는 집인데 방 앞으로 툇마루가 쭉 이어져 있다. 남편 방 앞에 그의 구두가 있어서 아직 출근 안 했구나 하고 안심이 되었다.

방 앞에는 신문이 접힌 채 놓여있다. 똑똑! 방문을 노크하니

"네!" 하는 남편 목소리가 들렸다. 꽁꽁 언 손으로 긴 겨울 부츠의 지퍼를 내리고 얼른 마루 위로 올라섰다. 반가운 마음에 얼른 방문을 열었다.

그런데 세상에! 너무도 충격적인 장면이 펼쳐져 있었다. 방 안에는 남편이 한 여자와 같이 누워있었다. 고등학교를 갓 졸업한 사무실 경리였다. 갑자기 큰 충격이 뒤통수를 때린 것 같았다. 너무 놀라서 몸이 부들부들 떨렸고 그 자리에 털썩 주저앉고 말았다. 눈앞에서 하늘이 무너져 내리는 느낌이 들었다. 정신을 차릴 수가 없었고 온몸에서 힘이 쭉 빠졌다. 아무런 생각이 나지 않았고 순간 몽롱해졌다. 쇼크였다.

이게 무슨 일이지? 잠시 정신이 혼란스러웠고 피가 얼굴에 쏠리는 느낌이 들었다. 그때까지 난 누가 바람을 피웠다거나 하는 구체적인 얘기를 들어보지 못했다. 남편이 다른 여자와 바람을 피울지 모른다는 가슴 떨리는 일은 생각하지도 못했다. 이천으로 내려오는 버스 안에서도 어떻게든 생활비만 받아 돌아가려고 생각했다. 가능한 다툼을 피하려는 생각뿐이었다. 그런데 지금 바로 내 앞에 펼쳐진 광경은 상상해 본 적도 없었다. 나이 스물일곱, 교회만 다니며 세상 물정 몰랐던 어린 내가 경험하기엔 너무 충격적인 일이었다.

*

좋은 마음이었는데

남편과 떨어져 있게 된 이유는 그의 직장 때문이었다. 보험사에 근무하는 남편이 결혼하고 몇 달 지난 뒤, 동두천 지점 책임자로 발령받았다. 모시던 시어머니를 떠나 둘이 이사를 하게 되었다. 그리고 2년 후, 이번엔 이천으로 발령받았다.

아들의 두 번째 지방 발령 소식을 들은 시어머니가 아이처럼 칭얼대셨다. 아들과 떨어져 살아본 적 없는 분이라 지난 2년 동안 힘드셨던지 여기저기 아프다며 불평을 쏟아내셨다. 어머니는 외아들 하나 키우며 아들과 한몸처럼 살아온 분이셨다. 아직 이 동네 저 동네 다니며 보따리 장사를 할 만큼 건강하셨지만, 정신적으로 힘겨워하는 홀어머니를 살펴드리는 게 도리일 것 같았다. 내가 어머니를 돌보며 곁에서 지내겠다고 했다. 남편이 혼자 가서 하숙하기로 한 것이다.

남편과 떨어져 지내는 것을 본 이웃집 어른이 "젊은 사람이 이렇게 떨어져 살면 안 되는데…." 하고 걱정이 담긴 말씀을 해주셨다. 그때는 그 말이 무슨 뜻인지 몰랐다.

남편이 혼자 지내다 보면 불편해서 나를 오라고 할지도 모른다

가정은 희생할 만한 가치가 있다

는 생각을 했다. 처음에는 주말마다 집에 왔다. 그러다 언젠가부터 바쁘다는 이유로 주말에 오지 않았고 그 횟수가 늘기 시작했다. 어느 날엔 집에 와서 말도 안 되는 일로 다투고 돌아가 버렸다. 밥을 먹다가도 기분이 나빠지면 일어나 가버렸고, 나를 투명인간 취급하기도 했다. 아내를 대하는 태도가 점점 비상식적으로 변해갔다.

싸우고 나면 화해하거나 관계를 개선하려는 모습이 보이지 않았다. 아무리 생각해도 이해를 할 수 없었다. 생활비도 주지 않았고 가정도 아내도 잊어버린 사람처럼 보였다. 진지한 대화를 나누고 싶은데 늘 화가 나 있어서 말을 붙이기 어려웠다. 이런 남편을 어떻게 대처해야 할지 당황스러웠다.

너무 힘들다는 생각이 들고 이런 게 결혼생활인가 하는 회의가 들었다. 어쩌다 집에 온 남편은 다정한 말 한마디 없고 나와 싸우려고만 하는 것 같았다. 말대꾸를 하거나 싸울 용기가 없어 자꾸 마음의 문이 닫혔다. 하숙집에 가보고 싶다고 하면 정신없이 바빠 시간 내기 어렵다고 끝내 허락하지 않았다. 그의 말이나 태도를 이해할 수 없고 혼란스러웠다. 하지만 일에 방해가 된다고 하니 어쩔 수 없었다.

기도원으로

남편은 날 형식적으로 대하고 피하기만 하니 몸과 마음이 점점 멀어졌다. 다가가고 싶은데 벽을 만난 느낌이었다. 거듭 거절감을 느끼게 되자 결혼에 대한 기대가 무너져 버렸다. 많은 날을 홀로 보내며 외로운 마음을 어디에 둘 곳이 없었다. 이런 게 결혼생활이라면 파기하고 싶었다. 어떻게 해야 하나? 비참한 마음에 어디 가서 실컷 울고 싶었다.

내 인생에 대해 깊이 생각해 보게 되었다. 아이도 없고 이렇게 살기엔 아직 젊었다. 그동안 형식적으로 대하고 거친 태도에 실망스러운 면이 한두 군데가 아니었다. 소통이 안 되고 너무 답답해서 참고 살아야 한다는 생각이 들지 않았다. 여러 정황으로 볼 때 더 이상 이대로는 아니라는 결론에 이르렀다. 결혼생활이란 이런 건지, 이제라도 다시 시작하기로 마음먹었다.

결론은 났는데 이제 어떻게 해야 할지 몰랐다. 누구랑 상의해 보고 싶은데 의논할 만한 사람이 없었다. 하나님께 기도해 봐야겠다는 생각이 들었다. 처녀 때 가봤던 기도원을 초라한 심정으로 찾았다. 이혼을 염두에 두고 드리는 기도에 하나님이 뭐라 하실지 궁금했다.

"하나님, 어떻게 해야 할까요?" 지금까지의 모든 것을 정리하려고 벼랑 끝에 선 심정으로 금식하며 간절히 기도했다. 열흘째가 되자 바지가 흘러내릴 만큼 살이 빠졌다. 그날, 하나님이 상한 마음에 찾아오셨다. "네가 원하는 대로 하는 게 아니다." 강력한 내면의 음성이었다. 결혼생활엔 어려움이 있고 인내가 필요하다는 깨달음이 왔다. 하나님이 내게 인내를 원하신다는 것을 느꼈다. 주님이 응답하셨다는 생각에 눈물이 쉼 없이 흘러내렸다.

기도 응답을 받고 기뻤지만 현실을 살아내야 하는 무거움이 가슴을 눌렀다. 집으로 돌아오는 내내 마음이 편치 않았다. 다시 살아야 한다는 사명감을 조그맣게 간직한 채 나를 찾지도 않는 집으로 돌아왔다.

남편은 반겨주지 않았지만 싫은 소리도 하지 않았다. 잘살아 보려고 마음을 다졌기에 남편에게 밝은 얼굴을 하며 낮은 자세로 대했다. 그는 무관심이 지나쳤다고 느꼈는지 별 시비를 걸지 않았고 밀어내거나 싫은 내색을 하지 않았다.

하지만 남편은 여전히 먼 거리에 있었다. 나를 투명인간 취급하는 그를 향한 섭섭함이 계속 이어졌다. 같이 있어도 외로움이 느껴졌지만, 주님이 주신 마음이 커서 어떻게든 이해하려고 마음먹었다.

'그래! 전국 최연소로 보험회사 소장 발령을 받은 그가 승부욕이 강해 동분서주하느라 바빠서 그럴 거야!'

※
미친 여자처럼

어떻게든 그를 용납해 보려다 결국 이런 끔찍한 광경을 목격하고 만 것이다. 내 남편의 불륜 현장을 보게 될 줄이야…. 기가 막혔다. 꿈엔들 상상해 본 일인가? 어떻게 내게 이런 일이 일어날 수 있단 말인가? 아직 세상을 잘 모르는 나는 너무 순진했다. 처참하게 모든 게 와르르 무너져 버렸다.

엄청난 고통이 밀려와 흐느적거리는 몸을 가눌 수 없었다. 방바닥에 주저앉아 벽에 머리를 박고 고통스럽게 신음을 뱉어냈다.

여자아이는 나의 갑작스런 출현에 놀라 벗은 몸으로 일어나지도 못했다. 벽에 걸린 옷을 던져주었더니 입고는 이해할 수 없는 몇 마디 말을 남기고 나갔다. 난 제정신이 아니었다. 울면서 벽에 걸린 작은 거울을 손으로 쳤다. 울부짖는 내 모습이 깨진 거울 사이로 괴물처럼 비쳤다. 남편은 무슨 변명인가를 했는데 그 소리가 귀에 들리지 않았고 듣고 싶지도 않았다.

가정은 희생할 만한 가치가 있다

시어머니가 원망스러웠다. 외롭지 않게 돌봐드리려고 남았을 때, 나를 함께 내보냈어야 하지 않았는가? 나는 고래고래 소리를 질렀다. 이러느라고 내게 눈길 한번 안 주면서 시비 걸고 싸우기만 했느냐고, 우리 서로 안 맞는데 남들처럼 살아갈 수 있겠냐고 물었을 때 당신도 똑같은 마음이지 않았느냐고, 이런 상태로 속였으면서 왜 가만히 있었느냐고, 내게 헤어지자고 말했더라면 수월하게 끝낼 수도 있었는데 왜 날 속였느냐고, 처절하게 울부짖으며 소리를 질렀다.

한참을 울다 정신이 드니 그곳을 벗어나고 싶었다. 얼른 생활비를 받아 집으로 가려고 남편에게 돈을 달라 했더니 사무실에 가야 한다기에 사무실로 오도록 하고 먼저 방을 나갔다.

사무실에 들어서자 난로 앞에 여자 보험설계사 몇 명이 모여있었다. 그들은 문을 밀치며 들어서는 날 쳐다보더니 놀라며 막아섰다. 미친 여자로 생각했다. 내 몰골이 말이 아니었던 것이다. 하숙집에서 거울을 칠 때 손바닥이 찢어져 피가 많이 났었다. 나중에 보니 손바닥이 10cm 정도 찢어졌는데 아픈 것도 못 느끼고 상처 난 줄도 몰랐다. 피가 얼굴이며 옷에 묻었고 머리도 귀신처럼 헝클어져 있었다.

울면서 소장 아내임을 밝히자 다들 놀라워했다. 자초지종을 이야기하니 모두 충격을 받은 눈치였다. 남편을 총각으로 알았고 경리와 가깝게 지내는 것을 알았지만 젊은 남녀 간의 사랑으로 여겼다고 한다. 사무실 직원들이 나를 측은히 여기며 얼굴을 닦아주고 친절을 베풀었다. 마음이 조금 안정되었다.

남편은 그날 사무실에 들어오지 않았다. 어디론가 멀리 도망을 쳤다. '그래도 책임자인데, 연말 정산으로 바쁠 테니 저녁까지는 돌아오겠지' 생각하고 기다렸다. 하지만 다음날도, 그다음 날도 돌아오지 않았다. 어딘가에 있는 경리와만 연락하고 있다고 어떤 직원이 얘기해 주었다. 직원들이 전화로 본사에 사무실 상황을 알리는 소리가 들렸다. 절망적인 마음으로 이틀을 기다리다 집으로 돌아와야 했다.

*

네가 나가라

사실을 알게 된 시어머니는 아무런 말씀이 없었다. 이후로 여러 날이 지나도 아들이 소식도 없고 안 들어오니 나에게 나가라고 하셨다. 나 때문에 당신 아들이 안 들어온다는 사실에 불안하셨던 것 같다. 아들만 남편처럼 평생 의지하고 사셨던 어머니, 그래서 그런지 절망하는 며느리에게 적절한 위로의 말 한마디 할 줄 몰랐다. 하늘이 무너져 버렸다고 우는 며느리 앞에서 "그래도 내 아들이 잘나서 바람도 피우지"라며 내 귀를 의심케 하는 말을 했다. 말문이 턱 막혀서 더 이상 아무런 말도 하고 싶지 않아 입을 닫았다.

나가라는데, 나가버리고 싶은 데 갈 곳이 없었다. 어디로 가야 하나! 너무 서러웠고 분노와 배신감에 치가 떨렸지만 돈도 없고 어떻게 해야 할지도 몰랐다.

막연히 며칠 더 기다려 보았지만 무얼 어떻게 해야 할지 판단이 서지 않았다. 이천에서 안양에 사는 친구에게 절망스런 마음으로 전화를 했었다. 얼마 전 아이를 낳은 친구 부부는 우리 부부와 서로 잘 아는 사이였다. 힘든 마음에 오늘도 전화를 했더니 내게 연락하려던 참이었다고 했다. 자기 남편이 엊그제 서울 시내에서 내 남편을 우연히 만났노라고 말했다. 그리고 넷이 다 같이 만날 날을 잡았다고 내게 알렸다. '세상에, 그런 우연이 있다니….' 만나봐야 했다.

2. 분노의 폭발

※
임의합의서

　보름 후 다 같이 만나기로 한 장소로 나갔다. 친구 부부가 함께 해 주니 고마웠다.

　그런데 남편 쪽은 친구들 서너 명이 왔는데, 본인은 얼굴도 안 보이고 친구들만 보내서 내 의사를 타진했다. 그날 이천의 하숙방에서 "가만히 있지 않겠다. 간통죄로 집어넣겠다!"고 울면서 했던 내 말에 신고할까 봐 염려스러웠던 것 같다.

　그들의 주장은 당연히 이혼해야 한다는 것이었다. 불륜 현장을 목격해 버렸기 때문에 결혼생활을 이어갈 수 없을 것이라고 했다. 이혼을 결론지어 놓고 몰고 가는 모습에 너무 마음이 상했다. 그 사람과 먼저 대화하기를 원한다고 말했지만 소용이 없었다. 오히려 죄진 자가 더 강력하게 나오는 현실이 슬펐다. 화장실에 가서 기도하며 떨어지는 눈물을 조용히 훔쳐야 했다.

참고 인내하는 시간이 필요하다는 기도원에서 주셨던 마음이 생각났다. 그래서 당당하게 할 말을 하기로 했다. "많은 사람들의 축복을 받고 혼인을 했다. 팔이 하나 잘려 없어졌다 해도 절대 이혼은 할 수 없다. 정리하고 돌아올 때까지 기다리겠다!"라고 말했다.

그 말을 할 용기가 내게 있었다. 그렇게 말할 수 있어서 다행이라는 생각이 들었다. 다들 내 태도가 의외라고 여기는 듯했고, 번갈아 교대로 자리를 드나들면서 나를 답답해하는 것 같았다. 지루한 시간이 지나갔다. 저들은 계속 이혼을 종용했다. 타협은 안 되었고 남편은 끝내 자리에 나타나지 않았다.

친구 부부가 밖으로 나를 불러내더니 설득했다. 객관적인 입장에서 그의 태도를 이해할 수 없지만 그가 돌이킬 것 같지 않다고 했다. 그러면서 내게 아무것도 기대하지 않기를 바란다고 말했다.

결국 이혼 결정을 내려야 했는데 마음이 너무 힘들었다. 그렇지만 법원에서 최종 도장을 찍기 전까지 먼저 이행해야 할 사항이 있었다. 저들이 준비해 온 문서를 조금 수정해 '임의합의서'라는 것을 작성했다. 법적 효력을 염두에 두고 얼마간의 위자료 액수와 날짜를 적어넣었다. 양쪽 모두의 손도장을 찍은 합의서를 나누어 갖고 헤어졌다.

갈 곳이 없었다. 친정에 이 사실을 알리는 건 죽기보다 싫었다. 다시 시댁으로 돌아가야 했다. 지옥 같은 시간이 흘렀다. 3월, 약속한 날이 지나가고 있는데 위자료는커녕 연락조차 없었다.

이럴 땐 어떻게 하는 게 좋을까? 다 포기하고 그냥 조용히 나가야 하나? 그게 옳을까? 어떻게 해야 할지 판단이 서질 않는다. 이미 결정된 일이다. 마무리 매듭이라도 잘 짓기를 바랐다. 그런데 그는 비겁하게 나타나지도 않았고 약속도 지키지 않고 있었다. 분노가 치밀어 잠을 이룰 수가 없었다.

나가라는 시어머니의 고함이 나를 더욱 견디기 힘들게 한다. 못 먹고 못 자고 스트레스로 신경이 쇠약해져 눈이 침침하고 손이 떨리는 증상들이 나타났다. 몸과 마음이 상하고 찢긴 채 시간이 흘러갔다.

*
단호한 결정

이대로는 안 된다는 생각이 들었다. 어느 날, 드디어 단호히 결단했다. 그날 밤 밤새도록 짐을 쌌다. 그 사람 물건을 몽땅 쌌다.

결혼 전 명동과 충무로에서 음악다방 DJ로 일하며 사들인 LP

가정은 희생할 만한 가치가 있다

음반 300여 장과 애지중지하는 전축, 그가 아끼는 소파도 쌌다. 그의 것이라면 숟가락 하나 남기지 않고 다 쌌다. 이튿날 새벽같이 트럭 두 대를 불러 짐을 실었다. 많은 짐을 가져다가 어디에 쌓아둘 곳이 없었지만 폭발한 분노의 표현이었다.

시어머니의 고함에 아침 장사를 나가려던 동네 사람들이 모여들었다. 누가 신고했는지 경찰 둘이 오토바이를 타고 왔다. 경찰에게 자초지종을 설명하고 임의합의서를 보여주니 관여할 수 없다며 그냥 돌아갔다. 짐을 가득 싣고 소리치는 동네 사람들 앞을 철면피가 된 심정으로 떠났다.

안양에 사는 친구 집 마당에 짐을 쌓아놓고 비닐로 덮어두었다. 월곡동에 사는 교회 친구 명신이가 자기 집 작은 방에서 지낼 수 있게 해주었다.

골방에 누우니 이제야 비로소 숨을 쉬는 것 같았다. 몇 달 동안의 일이 주마등처럼 눈앞을 스쳐 지나갔다. 초인적인 정신력으로 버텨온 시간이었다. 주르르 눈물이 흘렀다. 목까지 차오른 배신과 분노의 감정으로 몸도 마음도 지칠 대로 지쳤다. 기도원에서 받은 '인내'라는 단어가 생각났다. 이런 상황에서 어떻게 하는 게 인내이고 최선인지 알 수가 없었다. 이혼을 생각할 때 인내라는 마음을 주셔서 잘될 줄로만 알았다. 그런데 막상 이렇게 되고 보니 참으로 힘들고 혼란스럽기만 했다. 이대로 끝난다는 생각에 마음이 천 갈래로 찢어졌다. 눈물이 베개를 적셨다.

이런 일이 나에게 일어났다는 게 믿어지지 않았다. 생각할수록 눈물이 흐르고 잠을 이룰 수가 없었다. 찢긴 마음의 상처에서 피가 철철 흐르고 마음이 어두운 나락으로 떨어져 버렸다. 어디를 둘러봐도 캄캄할 뿐, 극도로 상한 마음을 가눌 길이 없었다. 계속되는 분노의 감정은 그동안의 모든 일을 트라우마로 뇌리에 각인시킨 것 같다.

그렇지만 살아야 했다. 친구는 내게 진심 어린 위로를 해주었다. 이제 모든 것을 잊게 해달라고 기도했다. 인정하고 싶지 않은 현실을 직시하고 내일을 준비해야 했다. 마르지 않을 것 같은 눈물을 억지로 삼켰다. 울고 또 울어도 눈물이 나지만 모든 것을 잊기 위한 시간이 필요했다. 스스로 마음을 달래며 추스르는 일이 필요할 뿐이었다.

안양 친구가 일자리를 소개해 주었다. 일을 해야 잊을 수 있다며 신경 써주니 참으로 고마웠다. 애써 마음을 정리하며 일에 몰두했다. 기도하며 조금씩 잠을 잘 수 있었다. 한 발짝씩 내디디며 나가보자고 스스로 격려했다.

가정은 희생할 만한 가치가 있다

한 달 정도의 시간이 지나면서 이렇게 가면 점차 잊고 일상을 되찾을 수 있을 것이라는 생각이 들었다. 내면에 고요가 찾아오면 잠시 그 일을 잊곤 했다. 토네이도 같은 태풍 속에서 여러 달 휘말리다가 일상을 바라보니 어느덧 따스한 봄 기온이 완연하게 느껴졌다.

3. 임신할 수 있는 여자

※
믿기지 않는 일

그런데 그때, 갑자기 몸에 이상한 느낌이 왔다. 그러고 보니 생리가 언제였는지 몇 달간 까마득했다. 큰 충격을 받고 생리 날짜도 인지하지 못한 채 몇 달이 지나간 것을 알았다. 산부인과를 찾아갔다. 진단을 마친 의사가 말했다. "임신 3개월입니다."

소스라치게 놀랐다. 세상에, 내게 이런 일이 일어났다니! 잘 믿기지 않았다. 이게 정말일까? 그사이에 배 속에 아이가 잉태되어 있었다니, 그렇게 엄청난 충격을 받고도 유산이 안 되었다니 놀라운 일이었다. 시댁에서 날 인정하지 않는 느낌이 들 때마다 아이 주시기를 기도했었다. 2년이 넘도록 임신이 안 되더니 언제 아이가 잉태되어 있었단 말인가? 그동안 극도의 스트레스 속에서 잘 먹지 못하고 굶는 날도 많았다. 아이가 유산되지 않고 배 속에 살아있는 것은 실로 기적 같은 일이었다. 의사에게 되물었다. "정말 임신인가요?"

우선 내가 임신할 수 있다는 사실이 기뻤다. 2년 전 동두천으로 이사하고 얼마 지나지 않아 임신한 적이 있었다. 7개월쯤 됐을 때, 외출했다가 집으로 돌아올 때 시외버스를 탔는데 조심한다고 버스 앞좌석에 앉았다. 그런데 버스가 달리다 도로 방지턱에 세게 부딪쳐 덜커덩했다. 그때 배 속에서 놀던 아기가 둥그렇게 웅크려 뭉쳤다. 아기가 놀라서 그랬을 것으로 생각했다. 며칠 후 정기검진 때, 의사가 배 속에서 태아가 죽었다고 말했다. 너무 놀랐다. 얼마나 기다리던 아기인데, 어린 마음에 그럴 리 없다 생각하고 도망치듯 집으로 와버렸다. 다음날 의정부에 있는 큰 병원에 가보았다. 역시 같은 결과였다.

이틀 뒤 처음 찾아갔던 병원에서 연락이 왔다. 빨리 수술하지 않으면 산모인 내가 위험하다고 했다. 병원에 가서 마취도 없이 고통스럽게 수술을 받았다. 의사가 몸 상태를 설명해 주었다. 자궁후굴(뒤쪽으로 굽어있음)이라 임신이 어렵고 임신하더라도 유산하기 쉬우니 만약 임신이 되면 열 달 동안 누워있어야 한다고 말했다.

그 이후 2년이 되도록 임신이 안 되었다. 조급한 마음에 상상임신도 경험했다. 가임 기간을 수없이 흘려보내며 난 임신이 힘든 사람인가 보다 하고 초조해졌다. 그런데 이번에 이런 기막힌 충격을 받았던 상태에서 아기가 잉태되어 숨 쉬고 살아있다니, 이건 말로 표현할 수 없는 기쁨이요, 기적이라는 생각이 들어 엄청난 감격이 되었다. 나는 임신할 수 있는 여자였다!

내가 임신을 할 수 있다는 사실에 말로 표현할 수 없을 만큼 기뻤다. 하지만 현실은 걱정되고 막막해서 눈물만 나왔다. 주위에 의논할 사람도 없었다. 가까스로 마음을 정리했었는데… 어떻게 해야 하나!

*
힘든 결정

그동안 여기까지 오느라 얼마나 고통스러운 결정을 내렸던가? 가까스로 마음을 정리했는데, 돈도 벌고 새 마음으로 새롭게 출발하자고 자신을 끌어안고 겨우 추슬러 가는 중인데, 이제 겨우 눈물 흘리지 않고 조금씩 잠들 수 있게 되었는데, 다시 마음이 어려워졌다. 임신했다는 사실은 기뻤지만 막막한 현실이 걱정되어 눈물만 나왔다. 한편 혼란스러워졌다. 그러면 이제 어떻게 해야 하나? '그래도 낳아야지. 아이가 충격 속에도 배 속에 살아있는 건 낳으라는 하나님의 사인이야.'

하나님이 주신 생명이라는 확신이 들었기에 낳기로 마음먹었다. 힘들 때마다 창문 넘어 아스라이 보이는 십자가를 보며 "아들을 낳게 해주세요. 그래서 이 집에서 한 식구로 인정받도록 도와주세요!" 하는 기도를 드렸던 일이 생각났다. 아무도 찬성해 주지 않더라도 내 마음은 분명히 정해졌다. 하지만 그 사람을 다시 만나는 것은 너무 싫었다. 고심 끝에 아이를 낳아 혼자 기르기로 결심했다.

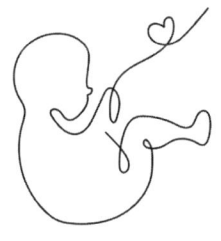

그런데 그의 하숙집에서 거울을 손바닥으로 쳐 찢어진 부위를 병원에 가서 꿰매고 항생제를 보름치 먹은 기억이 났다. 임신 초기의 아이에게 괜찮을지 정말 걱정이 되었다.

아이를 낳은 뒤 기를 수 있는 환경이 필요했다. 생각다 못해 그 사람이 다니던 직장의 본사를 찾아갔다. 사건이 터진 뒤 그 사람은 두 달 대기발령 후 퇴사 처리되는 것으로 알고 있었다. 어떻게 처리가 되었는지 알고 싶었고 서류상 부부일 때 내가 퇴직금을 수령할 수 있는지 알아야 했다. 얼마 되지 않은 퇴직금이지만 배우자 자격으로 찾아와 부엌 없는 방 하나를 월세로 얻었다. 친구 집에 쌓아둔 짐 중에서 가구 등은 처분하고 꼭 필요한 물품 몇 가지만 가져왔다. 기도원에서 알게 된 여전도사님이 소개해 준 크리스천 산부인과 의사에게 매달 무료로 정기검진을 받을 수 있었다.

텅 빈 가슴을 안고

　시간이 흘러가자 온몸이 붓고 배가 갑자기 불룩 커졌다. 이상이 생긴 것 같아 무척 걱정되었다. 6개월째 정기검진을 받을 때였다. 진료하던 의사가 아무래도 이상하다면서 초음파 검사를 해보자고 말했다. 검사를 하던 의사가 "어? 쌍둥이네!"라고 하는 것 아닌가? "네? 쌍둥이요?" 나는 소스라치게 놀랐다. 세상에! 이게 무슨 일이란 말인가? 아이를 혼자 낳아 기를 결심을 하고 그 사람에게 알리지 않았는데 쌍둥이라니… 가던 길에 벽을 맞닥뜨린 느낌이었다. 낳아서 어떻게 기를 수 있을지 기쁨보다 불안과 두려움이 앞섰다. 꿈에도 생각해 보지 못한 쌍둥이라니, 어안이 벙벙했다.

　병원을 나오는 길, 그냥 서러운 마음에 펑펑 울고 싶었다. 낮이라 사람이 없어 보이는 가까운 교회를 찾아갔다. 강대상 앞바닥에 그냥 퍼질러 앉아 울었다. "하나님, 저 이제 어떻게 하라고요! 이게 무슨 뜻이에요? 길이 안 보여요. 저 그 사람 다시 만나 얼굴 보는 것도 싫어요. 같이 사는 건 지옥일 거예요." 한나절 내내 울면서 불쌍히 여겨 인도해 주시라고 기도했다. 거듭거듭 어쩔 수 없는 일들이 앞을 가로막으니 사는 게 힘들고 인생이 비참하다는 생각이 들었다. 미래는 불확실했고 나 자신이 한없이 불쌍했다.

그 사람에게 알려야 할까? 기억에서 지워버리려고 애써 왔는데… 이미 마음도 정리되었고 몸도 멀어졌는데 어떻게 해야 하나? 고통스러운 현실이 이어지니 너무나 버거웠다. 하나도 아니고 아이 둘을 과연 혼자 키울 수 있을까?

긴 시간 동안 생각하고 고민했지만 억울한 마음뿐이었다. 내 남자라는 생각은커녕 떠올리기만 해도 분노가 치밀었다. 그런 사람이 아이들의 아빠로 돌아오도록 내 마음을 되돌려야 한다니 하염없이 눈물이 흘러내렸다.

하지만 다른 길이 없었다. 다시 아빠의 자리로 그 사람이 돌아오도록 기도하는 수밖에. 내내 몸부림치며 내 감정과 생각을 억지로 내려놔야 했다. 마침내 결정을 내리고 편지를 2장 썼다. 쌍둥이를 임신했으며 당신이 아빠의 자리로 돌아오기를 바란다는 내용이었다. 돌아오지 않는다면 다른 방법으로 결정을 내리겠다는 것과 만날 장소와 시간까지 적어서 보냈다.

다행히 그 사람은 약속 장소에 나왔다. 이천 하숙집에서 미친 여자처럼 나온 이후 4개월여 만이라 서로 어색했지만 임신을 기뻐하는 모습이 느껴졌다. 어디서 어떻게 지내느냐는 말 한마디 물어보지 않고 냉정했지만 만나자는 요청에 응해준 것만으로도 기분이 좋았다. 그다음 주에도 다시 만났다. 그런데 그사이 생각이 달라졌는지 딱딱한 모습을 보였다. 이왕 이렇게 된 거 아이를 유산시키자며 사무적으로 대했다. "날 믿지 마라, 돌이킬 마음이 없다"라고 말하며 가까운 조산소로 데려갔다. 싫으면 안 가면 될 텐데, 난 따라가면서 속으로 기도했다. '하나님 어떤 방법으로든 아이가 유산되지 않게 해주세요.'

조산소 원장은 어느 교회 목사의 사모라고 자신을 소개했다. 임신 이력을 묻고 진료하고 나더니 "이분은 이 아이를 유산시키면 다시는 아이를 낳을 수 없게 된다"고 말했다. 마치 내 처한 상황을 모두 알고 있는 것처럼 말을 해서 놀라웠다. 하나님이 유산되지 않도록 위기의 순간을 지켜주셨다는 생각이 들었다.

그 사람은 그곳을 나온 뒤 아무런 말도 하지 못하고 있더니 "갈게!" 한마디 하고 돌아서서 가버렸다. 내 마음은 무너졌다. 가슴이 텅 비어버린 듯 헤아릴 수 없는 고통스런 마음이 되었다. 어떤 약속도 없이, 아무런 기약도 없는 이별이 되어버렸다.

가정은 희생할 만한 가치가 있다

4. 손등이라도 스쳐봤으면

✻
눈물로 지샌 나날

그때부터 혼자였다. 외로웠고 사람이 그리웠다. 찾아오는 사람이 아무도 없었다. 매일 고독감이 밀려왔다. 몹시 커진 무거운 몸이라 어디에도 갈 수 없어 거의 방 안에만 갇혀 지냈다. 눈물로 밤을 지새웠다. 모든 것이 열악했고 슬픔과 외로움에 많은 날 꺼이꺼이 울었다. 불확실한 내일이 정말 무서워 울고 또 울었다.

얼마나 외로운지 누구라도 와서, 아니 미운 그 사람이라도 와서 손등이라도 스쳐봤으면 좋겠다는 생각이 들었다. 점점 몸이 무거워져 골목길 나가는 것조차 할 수 없었다. 한여름 더위에 선풍기도 없이, 오직 그 사람이 모든 것을 정리하고 돌아오기를 기도하며 우는 게 일이었다. "하나님, 제발 그 사람이 아이들의 아빠로 돌아오게 해주세요. 그렇게 해주실 거죠? 불쌍히 여기시고 도와주세요!" 울고 또 울어도 왜 그리 계속 눈물이 나오던지, 어디서 그런 눈물이 하염없이 나오는지 신기할 정도였다. 너무 많이 울어 아이가 괜찮을까 하는 생각도 들었다.

교회친구 명신이가 잠시 입었던 임신복을 가져다주었다. 회사 동료였던 친구 재순이는 아기 배냇저고리 두 개, 천 기저귀 20개를 준비해 주었다. 당시엔 천 기저귀를 사용했는데, 기저귀 소창을 사다가 삶아 적당한 길이로 자르고 끝을 바늘로 일일이 홀치기를 해서 가져온 것이다. 내가 너무 불쌍하단다. 정말 고맙고 잊을 수 없는 친구들이다.

　　9개월째, 침대가 없어 방바닥에 눕고 일어나는 자체가 말할 수 없이 힘들었다. 둔해진 몸이라 누워 지내야 하는 상태였지만 보호자가 없어 꿈도 꿀 수 없었다. 혼자라서 먹거리를 사러 가는 것은 물론 음식을 만들어 먹는 기본적인 일도 하기 어려웠다. 하루하루 일상 자체가 고통스러웠다. 냉장고도 선풍기도 없는 8월은 뜨거웠고 씻을 곳이 없어 물수건으로 땀을 닦아냈다. 일상생활이 고통 그 자체였다. 태산만큼 커진 배에 임신 중독까지 와서 온몸이 부었는데, 갈수록 배가 너무 많이 커져서 움직일 수 없으니 무서운 생각이 들었다. 일어나기도 어렵고 넘어질 것 같아 그냥 기어 다녔다. 버둥거리다 뭔가를 잡고 간신히 일어서면 숨이 턱 밑까지 차오르고 어지러워 중심을 잃고 넘어지곤 했다. 조금 움직이는 것조차 힘든데 뭐가 얼마만큼 안 좋은지 알 수가 없어서 이러다 정말 죽을 수도 있겠다는 생각이 들었다.

　　자취방 집주인은 내 또래 새댁인데 나보다 한 달 일찍 임신한 상태였다. 임신 후반기에 친정엄마가 와서 함께 살며 돕는 것을 보았다. 시댁 식구들이 찾아오는 등 온 가족의 사랑을 받고 좋은 음식 먹으며 지내는 모습이 부러웠다. 자식들 부양하느라 시골에서 혼자 가게를 하는 친정엄마에게 내가 그런 요청을 할 순 없었다.

그런데 주인댁은 예정일보다 일찍 아이를 낳았다. 체중 미달이라 병원 인큐베이터에 아기를 두고 혼자 집으로 왔다. 퇴원하면서 아기를 못 데려온 것을 보고 더욱 불안해졌다. 나는 쌍둥이에다 비교할 수 없이 환경이 열악한데 훨씬 위험하지 않을까? 새댁한테 임신 관련 책을 빌려보았다. 쌍둥이는 더 많은 영양이 필요하고 배 속의 좁은 환경이 생명에 위협을 줄 수 있고 출산할 때 긴급을 요할 수 있다고 적혀있었다. 또 9개월째에 낳을 확률이 매우 높고 체중도 미달일 것이라고 되어있었다.

*

보호자가 필요해서

상황이 심각해졌다. 혼자 아기를 낳는 건 위험했다. 시댁으로 들어가야겠다는 생각이 들었다. 죽기보다 싫었지만 죽더라도 거기서 죽어야겠다고 마음먹었다. 혼자 걸을 수 없어 생각 끝에 친정엄마와 고모를 오시게 했다. 부축을 받으며 밤에 신앙촌(信仰村)에 있는 시댁을 들어갔다(신앙촌은 박태선을 하나님으로 믿는 신도

들이 집단거주하는 마을인데, 박태선은 본래 개신교(대한예수교장로회)의 장로였다가 1955년에 신흥 종교를 창시했다). 밤에 갑자기 들어가니 시어머니도 놀라고 잠시 후 들어온 그 사람도 당황해했다.

시어머니는 아들이 장가들면 며느리와 함께 신앙촌에 있는 전도관에 다니기를 바랐다. 하지만 신앙촌이 이단이라는 것을 알고 나서 난 그럴 수 없었다. 신앙촌에 대해 잘 모르고 결혼했기에 결혼 초기 그 사람과 타협하기를, 전도관에 안 나가는 대신 내가 나가던 교회도 어머니 돌아가실 때까지는 쉬겠다고 했다. 전도관을 불신했던 그 사람은 이해해주었지만 시어머니는 내게 호의적이지 않았다. 며느리가 잘못 들어왔다고 하셨다. 그런 어머니 입장에서 난리 치고 떠난 여자가 밤에 다시 나타난 것을 반길 리 없었다.

"어머니, 제가 아들 쌍둥이를 낳을 것 같아요"라고 했더니 내게 심한 말을 하셨다. "아들 쌍둥이가 아니라 금송아지 둘을 낳아줘도 싫다"라고 하면서 "어느 놈의 자식인지도 모른다"라는 막말을 하셨다. 친정엄마와 고모는 완강한 시어머니와 말 없는 그 사람에게 말했다. 그렇게 기다리던 아이를 가졌고 이제 낳을 때가 되었는데 이대로 가만히 있어서는 안 된다, 보다시피 지금은 위험해서 보호자가 필요하다, 태아 때문에 산모가 죽게 생겼으니 헤어지더라도 아이를 낳을 때까지는 돌봐야 한다고 단호하게 말했다. 그 사람은 여전히 말이 없었다.

그 사람이 찾아오도록 내가 거처하는 주소를 써놓고 새벽에 시댁을 떠날 수밖에 없었다. 신앙촌의 내가 쓰던 방에는 여자 옷, 화장품 등 다른 여자의 흔적이 있었다. 마음속에 억울함이 가득 찼고 난 너무 슬펐다. 어쩌지 못하는 참담한 현실이었다.

아이가 금방 쏟아질 것만 같은 가진통이 한 달간 이어졌다. 움직이는 게 부자연스러웠고 똑바로든 옆으로든 누워있기가 힘들었다. 좁은 뱃속에서는 불편한 두 아이가 격렬하게 발로 차 옆구리에 금이 간 것처럼 아팠다. 모든 것이 불확실했다. 무엇보다 사람이 너무 그리웠다. 골목에서 물건 파는 아저씨의 외침 소리조차 반가웠다.

호흡이 가빠서 숨쉬기도 힘들었다. 견디기가 고통스러운 가운데 혼자서 위기 상황이 닥칠까 봐 제일 불안했다. 오백 미터쯤에 있는 파출소가 생각났다. 만약 정신이 몽롱해지거나 해서 죽을 것 같으면 무릎에 수건을 동여매고 파출소까지 기어가야겠다고 생각해 두었다.

비가 내리는 어느 날 오후였다. 그날도 옆으로 누워 하염없이 울고 있었다. 그런데 갑자기 그 사람이 간식거리를 사 들고 찾아왔다. 속으로 얼마나 반갑던지 눈물이 핑 돌았다. 울고 있는 내 모습을 보고 그 사람은 어떤 생각이 들었을까? 아무 말 없이 고개를 숙인 채 앉아있었다. 하지만 사무적으로 대하는 그에게 내색할 수 없었다. 경직된 태도 앞에 펑펑 울고 싶은 마음을 애써 감출 수밖에 없었다. 그 사람 생각을 알 수 없는데 내 감정을 드러내기가 어려웠다. 기가 막힌 현실에 눈물이 났다. 부정적인 어떤 말도 하지 않고 병원에 데려가 달라고 부탁했다.

다니던 병원은 수유리에 있는 준 종합병원이었다. 국가 의료보험이 없던 때다. 의사는 지금 아기를 낳으면 너무 작아 인큐베이터에 들어가야 해서 비용이 많이 들고 제왕절개수술 비용도 비싸다고 했다. 힘들어도 조금만 더 참고 아이를 키워서 예정일을 넘기고 2주 후에 오라고 했다. 예정일이 다가오면서 하루하루가 숨이 막히고 죽을 것 같았지만 어쩔 수 없었다.

2주 후, 다행히 그 사람이 다시 와주었다. 나를 병원으로 데려다주고 그리고는 돌아갔다. 자연분만을 위해 침대에 종일 누워있었다. 배 위에 컴퓨터 장치를 올려놓았는데 아이 숨소리가 화면에 그래프로 나타났다. 장치 때문에 옆으로 움직이지 못하고 똑바로 누워 진통을 해야 했다. 자궁 문은 10%만 열려있고 배가 극도로 커져 있어서 촉진제를 쓸 수 없다고 했다. 의료진이 위험한 상황을 대비하면서 종일 상태를 체크했다.

저녁때 의사가 퇴근 복장을 하고 마지막으로 둘러보려고 왔다. 그런데 모니터를 보더니 갑자기 "간호원! 간호원!" 하면서 급하게 큰 소리로 불렀다. 뛰어온 간호사에게 빨리 수술 준비하라고 말하면서 양복을 입은 채 내가 누운 침대를 직접 밀고 수술실로 들어갔다.

아이 숨소리가 이상해지고 그래프가 커졌다 작아졌다 한다고 했다. 나는 아파 아무런 정신이 없었다. 수술실에 들어가자마자 여러 의료진이 모여들더니 급히 내 손과 발을 묶고 수술을 위해 마취를 시켰다. 자연분만을 원했건만 배 속 아기들 상황이 긴급했던 것이다.

5. 생애 최고의 선물

※
생명의 기적

그렇게 급하게 수술을 하고 12초 간격으로 3.1kg, 3.15kg의 건강한 아들 쌍둥이를 낳았다. 할렐루야! 창조주이신 하나님 아버지께서 보여주신 생명의 기적이었다. 놀라운 것은 아기들이 지극히 건강하다는 사실이었다. 인큐베이터에도 안 들어가고 쌍둥이 아기들에게 나타날 수 있는 어떤 증상도 없어 아무런 치료가 필요하지 않았다. 표준 체중의 건강한 아이들이 태어났다.

이 일을 어찌 우연이라고 말할 수 있겠는가? 영양이 말할 수 없이 부족했고 지속적인 스트레스에도 대처하지 못했지만 생명의 주인이신 하나님께서 생명 싸개(삼상 25:29)로 보호하셨음이 분명하다. 기도한 대로 응답해 주셨다. 내 인생 가운데 받은 최고의 선물이었다.

마취에서 깨어났는데 지켜보는 사람이 아무도 없었다. 옆 환자의 보호자가 내 얘기를 하고 있었다. "저 여자는 쌍둥이를 낳았다는데 옆에 보호자가 아무도 없네? 아프다는 신음도 없어." 난 출산 후 내 옆에 아무도 없으리라는 것을 알고 있었다. 또 생각지도 않았다. 그동안 말로 다할 수 없이 고통스런 긴 시간을 보냈는데 이런 통증쯤은 아무것도 아니었다. 아프다는 소리를 내는 것은 사치였다.

다음 날 오후, 아무도 찾는 이 없는 병실에 그 사람이 들어왔다. 옆 침대의 보호자가 뻘쭘하게 서 있는 사람이 남편인 것을 눈치채고는 그 사람 손을 끌어다가 내 손등에 포개며 "고생했다고 위로 좀 하세요." 하는 것이 아닌가? 내가 그렇게 손등이라도 스치고 싶었던 것을 알기라도 한 것처럼 그 사람의 손과 내 손을 포개놓았다. 그 사람의 손길이 닿는 순간 뭔지 모를 감정이 복받쳤다. 감고 있던 눈에서 눈물이 주르르 흘러내렸다. 왼팔을 이마에 대고 누운 채 내 오른손에 닿아있는 그 사람의 손을 있는 힘을 다해 꽉 잡았다.

아기가 너무 보고 싶었다. 수술 4일 만에 몸이 어느 정도 회복되었다. 침대에서 일어나 벽을 짚고 천천히 걸어 신생아실로 갔다. 신생아실엔 11명의 아기가 있었다. 유리창 너머로 눈에 띄고 가장 건강해 보이는 내 아기 둘이 새근새근 자고 있는 모습이 한눈에 들어왔다. 눈물 나게 사랑스러웠다.

병원으로 시어머니가 아기를 보러 왔다. 나중에 옆집 새댁에게 들은 얘기는 아기만 데려다 키우려고 사람을 두 명 사놓았었다고 했다.

※
행복한 나날

6일 만에 퇴원할 때 의사는 생각지 못한 점이 많았다고 말했다. 배가 그토록 커진 것은 자궁이 극한대로 늘어난 것인데 그렇게까지 커질 줄 몰랐단다. 아기들이 정상 체중으로 태어날 줄은 생각도 못 했다며 놀랍다고 했다. 의사는 감동했다며, 아기들 건강하게 잘 키우라는 말과 함께 병원비를 많이 할인해 주었다. 큰 박스의 분유도 하나 사주고 택시비까지 주었다. 하나님은 그렇게 섬세한 손길로 보살펴 주셨다.

아기들을 데리고 내가 살던 방으로 돌아왔다. 이 귀한 아기들을 내가 낳았다는 사실이 눈물겹도록 감사했다. 아기를 낳기 전까지 최악의 상황에서 몸과 마음을 힘들게 했던 모든 순간이 눈 녹듯 사그라졌다. 모든 것이 놀랍고 꿈만 같았다. 아기들과 내가 건강해서 무엇보다 감사했다. 또 아기를 낳을 때 그 사람이 병원에 와주어 상황 파악을 했기에 감사했다. 저 꼬무락거리는 두 생명의 아빠로서 직접 병원비를 지불했기 때문이다. 이제 자기 핏줄을 다시 보지 않고는 못 배길 것이라는 생각이 들었다.

아기를 낳은 산모 집에 먹을 게 없었다. 쌀을 한 되 사 와서 무우에 소금과 파를 썰어 넣은 물김치에 밥을 먹었다. 연탄 화로에 반찬 없는 밥을 해서 먹어도 이상하리만큼 아무런 걱정이 되지 않았다. 산후조리는 생각할 수 없었고 친정엄마가 올 때까지 셀 수 없이 나오는 아기 기저귀를 손으로 빨았다. 하나님이 보고 계시고 계속 돌보아 주실 것이 믿어졌다. 아기들을 보며 마냥 행복했다.

그 사람은 가끔 왔다. 올 때마다 술에 잔뜩 취해있었고 양복은 다시 입을 수 없을 정도로 더럽혀져 있기도 했다. 한마디도 물어보지 않았다. 모든 것을 정리하고 있다고 믿었다. 그 사람이 아기들의 아빠로 돌아오는 날만 기다리면 된다고 생각했다.

두어 달이 지난 어느 날. 그 사람이 나더러 신앙촌에 들어가야 한다고 했다. 가슴이 철렁했다. 들어가지 않겠다고 하면 아기들만 데려간다고 할 것 같았다. 정말이지, 들어가고 싶지 않았다. 손가락질을 받아가며 악에 받쳐 모든 짐을 싣고 나왔던 곳이다. 사람들이 모여들어 날 비난하던 곳에 다시 가서 살아야 한다니!

그러나 다른 대안이 없었다. 생각을 거듭하다 마침내 기도했다. "하나님, 저는 죽었습니다. 하나님이 원하신다면 제게 아기를 주신 은혜에 감사한 마음으로 가겠습니다!" 아무것도 바라지 말고 아기들만 잘 키우자고 굳게 다짐했다.

＊
가정을 지키시는 하나님

아기를 내 손으로 키우고 싶었기에, 다시는 쳐다보기 싫은 곳으로 들어갔다. 마음으로는 허락이 안 되지만 우리 가정의 미래를 생각했다. 안정된 가정에서 아기들이 자라기 위해서는 내 감정이 아니라 그의 요청을 따라야 했다.

혹시 불평이 나오지 않게 입을 닫고 살기로 작정했다. 나이 많은 옆집 권사님이 다시 만난 나를 볼 때마다 "대단해! 대단해!" 하며 칭찬해 주었다. 그 집 며느리인 새댁과 가끔 몇 마디씩 대화하는 것 외에는 말없이 아기들만 키우며 살림을 꾸려나갔다.

계절이 바뀌어 곱게 물든 나뭇잎과 함께 깊어가는 가을이 되었다. 창가를 바라보니 창문 넘어 먼 산등성이로 훌쩍 시간이 지나고 있음이 느껴졌다. 잠들어 있는 아기들을 잠시 바라보며 생각에 잠겼다. 지나온 시간이 마치 꿈을 꾼 것 같았다.

우여곡절 끝에 온갖 극한 상황들을 이겨내고 내 품에 들어온 내 아들 쌍둥이! 내가 가장 힘들었을 때 가장 큰 기쁨으로 내게 와

가정은 희생할 만한 가치가 있다

주었다. 아니 주님이 보내주셨다. 얼마나 기적 같은 일인지 생각할수록 놀랍다. 아기들로 인해 깨어진 옹기 같은 가정에 역청이 발라지고 조금씩 봉합해져 갔다.

그동안 죽을 수도 없을 만큼 힘들었던 과정들. 우리의 준비되지 못한 결혼은 이혼을 향해 나아갈 수밖에 없었다. 큰 상처를 남기고 헤어졌는데 예상치 않은 임신을 통해 다시 만나게 하셨다. 아기를 낳아 혼자 키울 작정을 했을 때는 그 남자와 합할 수밖에 없도록 쌍둥이를 허락하셨다. 극단적일 정도로 열악한 환경 가운데에서도 쌍둥이를 온전히 건강하게 지키셨다. 모두 가정을 지키시는 하나님이 하신 일이다.

하나님은 내가 아무것도 할 수 없는 절체절명의 순간에, 상황을 보시고 필요를 채워주시고 이끌어 주셨다. 내가 고통 속에서 신음하는 소리를 들으시고 사람들을 움직여 만남이 이루어지게 하셨다. 그 경험을 통해 가정을 만드신 하나님이 가정을 지키기를 원하신다는 것을 뼛속 깊이 깨달았다. 인간의 생각과 의지를 넘어 일하시는 하나님이다. 생명의 주인이신 하나님께 온 맘 다해 찬양과 영광을 올려드린다.

아직 그 사람이 남편으로, 아이들의 아빠로 마음이 돌아온 것은 아니었다. 여전히 내게 마음을 주지 않았고 미안해하거나 고마

위하는 마음도 안 보였다. 독자들은 이 남자의 행동이 도무지 이해되지 않을 것이다. 또한 바보처럼 당하고 사는 여자의 모습도 납득하기 어려울 것이다. 거기에는 둘 다 그만한 이유가 있었다. 다음 장에서 그 이유를 알게 될 것이다.

2장

화성남과 금성녀의 비밀

1. 남다른 출생

✳

금성녀의 환영받지 못한 출생

존 그레이는《화성에서 온 남자 금성에서 온 여자》라는 책에서 남자와 여자가 서로 어떻게 다른지 말하고 있다. 남자와 여자는 각기 전혀 다른 언어와 사고방식을 가진 행성에서 왔다는 것이다. 남편과 나도 각자 너무 다른 행성에서 자랐다. 보통의 부부들과 사뭇 달랐다.

금성 여자인 내가 태어나고 자란 어린 시절의 배경은 평범하지 않다. 소외된 정서로 기죽어 지내야 했고 존재감 없이 어디서든 조용히 있어야 하는 분위기에서 자랐다. 내 의견을 자유롭게 말하지 못하고 눈치를 봤다. 뭔지 착하게 지내야만 할 것 같은 강박관념에 매인 아이였다.

그 이유를 말하려면 먼저 어머니에 대해 적어야겠다. 어머니의 삶을 이야기하지 않고는 설명할 길이 없기 때문이다. 내 모습은 어머니의 투영이라고 할 수 있다.

전쟁의 폐허 속에 보릿고개가 있고 풀뿌리로 연명하던 가난한 시절이 있었다. 여섯 딸 중 셋째로 태어난 나의 어머니는 일곱 살에 '먹는 입' 하나를 줄이려는 부모에 의해 멀리 작은집으로 보내졌다. 천덕꾸러기였던 어머니는 작은아버지 집에 가서 사촌 동생들을 업어 키우면서 사랑을 많이 받았다고 한다. 하지만 어린 나이에 긴 세월 동안 가족이 얼마나 그리웠을까! 부모가 보고 싶어 꿈속에서조차 그리워했지만 집에 갈 수 없었다.

그러다가 8년여 만에 집으로 가게 되었다. 딸이 집에 돌아오자 부모는 서둘러 열흘 만에 이웃 동네 오 씨에게 시집을 보냈다. 일제 강점기였던 당시 큰아기 '공출'(일본군 위안부)을 피하기 위함이었다. 결혼이 뭔지도 모른 채 남매를 낳고 논밭과 식구가 많은 집에서 일에 파묻혀 살았다. 곧 6·25 전쟁이 터졌고 남편은 주변 동네 청년들과 함께 군에 끌려갔다. 전쟁이 끝나고 수년이 지났지만 돌아온 사람은 소수였고 크게 다치거나 소식이 아예 없는 경우도 있었다. 남편에 대한 소식은 영영 듣지 못했다.

한집에 사는 시부모와 시숙에게 당하는 시집살이는 견디기 힘들었다. 온갖 농사일과 집안일을 도맡아 하면서 말할 수 없는 수모를 감내해야 했다. 어머니는 남편 없이 살아가려면 농사일을 배워야 한다고 생각하고 시집살이를 견뎌냈다.

재 너머 사는 나의 이모는 이런 언니(내 어머니)의 모습을 내내 안타까워했다. 한번은 아랫동네 강 씨를 생각했다. 강 씨는 논밭이 많아 집에 일꾼을 두었고 사는 게 넉넉했지만 결혼해서 태어난 아이가 죽는 일이 반복되었다. 독자였던 강 씨는 그 일이 세 번이나 반복되자 새사람을 맞아서라도 대를 잇겠다고 결심하고 사람을 찾고 있었다.

　어머니가 친정집에 일이 있어 다녀오는 길에 동생(이모) 집에 들렀다. 이모는 어머니에게 강 씨 얘기를 했고 예고 없이 불쑥 방문한 강 씨를 처음 보게 되었다. 어머니는 생각지도 못한 일이라 놀라서 단호히 아니라고 거절하고 시댁으로 돌아왔다.

　빡빡머리에 두루마기를 입은 강 씨의 모습이 중처럼 보여 너무 싫었다. 그 후 다시 권유를 들었어도 거듭 거절했다. 하지만 이모는 '저 집에서 아들만 낳아주면 호강하겠구나!'라고 단순하게 생각하고 불쌍하게 사는 언니를 설득했다. 강 씨도 온갖 말로 어머니에게 구애했다. 그러나 어머니는 키우고 있는 남매 때문에라도 마음을 열 수 없었다. 이모의 설득은 끈질겼다. 지금 있는 부인도 다 허락한 일이라고 말했다. 세월이 상당히 흘러 어느 날 어머니가 방문했을 때, 이모는 작전을 짜서 어쩔 수 없는 상황을 꾸며 두 사람이 한밤을 보내게 만들었다.

그렇게 해서 어머니는 23살에 강 씨의 부인이 되었다. 당시엔 능력 있는 양반집 남자들이 후처를 두는 축첩제도가 관행처럼 남아있었다. 마당 하나를 가운데 두고 부인 셋을 각기 다른 집에서 데리고 사는 사람도 있었다. 이미 돌이킬 수 없는 상황이 되어버린 것을 알았을 때 어머니는 수치심을 느꼈다.

어느 날 어머니는 아기가 잉태되었음을 느꼈다. 작은 산골 마을 사람들의 눈과 귀가 온통 어머니에게 쏠렸다. 강 씨 집안에 첫 아들이 태어날 것인가? 자신의 위치가 떳떳하지 못하다고 느낀 어머니는 아들을 낳아야 하는 큰 부담이 있었다. 이왕이면 아들 낳기를 간절히 원했다. 배 속의 아기 또한 얼마나 불안을 느꼈을까? 그런데 안타깝게도 태어난 아기는 딸이었다. 바로 내가 태어난 것이다! 딸을 낳고 어머니는 심적으로 많이 위축되고 힘들었을 것이다. 아들이 중요했던 때라 딸을 낳은 것 때문에 아버지 역시 당당하지 못했다. 문중 일에 앞장서서 일하던 아버지는 친척들의 기대가 컸던 터라 딸 소식을 알려야 했을 때 마치 죄인이 된 느낌이 들었을 것이다.

나는 이렇게 환영받지 못한 채 태어났다. 그래서였는지 태어난 뒤 줄곧 백일해 기침이 심했다. 영아가 많이 죽던 시절, 병원은 꿈도 못 꿨다. 증세가 호전되지 않았고 어떤 약초로도 고치기 어려운 상황이었다. 기침은 점점 심해졌다. 어느 날, 어머니는 기침하다가 새파랗게 자지러진 딸을 보고 이제 죽었다고 생각했다. 이불에 둘둘 말아 윗목으로 밀쳐놓았다. 아들도 아닌데 병치레나 할 것 같으면 빨리 가는 게 좋다는 심정이었다. 방에 들어온 할머니는 아픈 아기가 아무 소리도 안 낸다고 하며 이불을 들춰보고는 쯧쯧 혀를 찼다. "아직 죽지도 않았는데…." 하면서 따뜻한 아랫목으로 끌어왔다. 심리적인 요인 때문이었을까! 유아기 시절 나는 갖은 잔병치레를 하고 몸이 몹시 허약했다. 그 후 내 뒤로 남동생 둘과 여동생 둘이 태어났다.

*

화성남의 화려한 출생

화성 남자는 홀어머니에 무녀독남이다. 집집마다 보통 자녀들이 예닐곱씩 있던 시절에, 19살에 결혼한 어머니가 외아들만 둔 사연은 이랬다.

당시 어머니 나이면 노처녀였다. 그런데 결혼 후 오랫동안 임신하지 못했다. 아이를 못 낳으면 무조건 여자 책임이던 시절이었다. 착하고 순박한 어머니는 마음고생이 말이 아니었다. 오랜 세월 뜻대로 되지 않자 자식 낳기를 포기하고 절망과 슬픔으로 시간을 보냈다. 수많은 여자가 아들을 낳겠다며 남편 곁을 드나드는 모습을 지켜보아야 했다.

그렇게 인고의 시간이 흘러 무려 18년 만에 귀하디귀한 아들을 낳았다. 바로 화성남이 태어난 것이다. 얼마나 놀랍고 값진 아들인지 말로 다 표현할 수 없을 지경이었다. 이 일로 '삼사 동네가 떴다'고 한다. 김제의 주변 동네에 소문이 자자했다는 말이다. 왜 아니겠는가! 재산 많은 양반집에서 18년 만에 아기 울음소리가 울려 퍼지니 큰 경사가 난 것이다. 어머니의 기쁨은 더 이상 바랄 것 없는 극치에 달했다. "나도 해냈다, 나도 아들을 낳았어!" 쾌재를 부르며 온 세상을 다 얻은 기분이었다.

당시 재산이 어마어마했다. 논과 밭이 많아 끝이 안 보이는 평야를 이룰 정도였다. 기름지고 농사짓기 좋은 땅이었다. 이 땅은 원래 일본인들이 쳐들어와 빼앗다시피 헐값에 가져간 땅이었다. 그러다 해방이 되자, 본국으로 돌아가야 했던 그들은 땅을 팔고 싶었지만 돈 가진 조선 사람이 없었다. 결국 땅을 잘 관리하고 경작할 만한 사람을 찾다가 원래 땅 주인의 한 사람이던 화성남의 아버지에게 맡겼다. 경주 김씨 양반 가문에 경순 왕족의 17대손으로 뼈대 있는 집안이었다. 그들은 본국에 갔다가 다시 돌아올 것으로 믿고 땅을 맡긴 셈이다.

배고팠던 시절, 이 부잣집으로 일하러 들어오는 동네 사람들은 집 아이들 대여섯 명씩을 데려와 함께 밥을 먹었다. 많은 사람이 문턱을 드나들었고, 갑자기 부자가 된 것을 시기 질투하는 사람도 있고 도둑맞은 물건도 많았다.

그러던 어느 날, 시아버지가 갑자기 괴한의 손에 살해당했다. 술에 취해 밤늦게 집으로 돌아오던 길이었다. 이튿날 동네 논두렁에서 발견되었을 때는 칼에 맞아 숨진 뒤였다. 당시 아들은 2살이었다. 십수 년 만에 어렵게 얻은 귀한 아들에게서 아버지 소리 한 번 제대로 들어보지 못하고 세상을 떠난 것이다. 다행히 신문기자인 오촌 당숙이 추적해 범인을 잡았다. 일본인들이 맡기고 간 땅에 대해 못마땅하게 여기던 자였다. 하지만 모든 것은 이미 엎질러진 물이 되고 말았다.

하루아침에 가장을 잃은 어머니는 불안과 두려움에 휩싸였다. 밖에서 돌아가는 일은 물론, 집안 대소사도 잘 모르고 살아온 분이었다. 남편 없이 재산이 많은 게 위험하다는 것을 직감했다. 그때 덕소에 있는 신앙촌으로 들어가라는 제안을 받았다. 오랜 세월 아이를 못 낳아 힘들게 살아오던 때 동네에 있던 신앙촌을 다녔다. 그러던 중 아들을 낳았기에 교류하던 신앙촌과 교역자들을 신뢰했다. 그들의 조언에 따라 고향을 떠나기로 결심하고 논과 밭을 모조리 판 뒤 어린애를 업고 덕소의 신앙촌으로 들어갔다.

화성 남자가 어머니를 따라와 살게 된 덕소의 신앙촌은 처음에는 개신교 신앙을 올곧게 지키려는 사람들이 자발적으로 모여 만든 자립 공동체였다. 자급자족을 추구했고 점차 사람들이 많아져 생활필수품을 만드는 공장이 세워졌다. 일상생활에 필요한 질 좋은 물건들을 생산해 사람들의 신뢰를 얻었다. 점차 제품 종류가 늘어나고 회사 규모도 커져 전국적으로 지역마다 전도관이 하나씩 세워졌다. 화성 남자는 어릴 적부터 이곳에서 자랐다.

2. 금성녀가 살아남는 법

✱
돌봄의 부재

금성 여자인 내가 자란 곳은 첩첩산골이었다. 아버지와 큰어머니가 사는 집은 '큰집', 어머니와 우리가 사는 집은 '작은집'이라 불렀다. 우리 집은 큰집에서 걸어서 10분 정도 떨어진 이웃 동네에 있었다. 매일 아침 어머니는 어린 나를 큰집에 데려다 놓고 농사일을 나갔다가 어둑해질 때야 일터에서 돌아왔다. 저녁을 먹고 집으로 돌아오는 것을 반복하며 살았다. 동생들이 태어났고 우리는 큰집에서 또래 형제들과 함께 지내며 싸우기도 하면서 자랐다. 나는 온종일 큰집에서 지냈다. 큰집에는 나보다 한 살 많은 언니와 두 살 적은 여동생이 있었다. 여기는 큰집이지 우리 집이 아니라는 생각 속에 지내야 했다. 요구사항이 있어도 말을 못 하고 주장을 펴지 못했다. 큰집 언니가 소리치면 나는 아무 말을 하지 못했다. 언니가 "우리 거야" 하고 소리 지르면 위축되고 눈치를 보았다. 내 말을 귀 기울여 들어주는 사람이 없었다. 어머니가 곁에 없는 정서적 부재 상태로 자랐다.

가정은 희생할 만한 가치가 있다

어머니는 내가 말썽 없이 조용히 지내길 바랐다. 나는 그 마음을 일찍 알아차렸다. 어머니도 할머니, 아버지, 큰어머니의 눈치를 봐야 했다. 육신이 고단하고 마음이 위축된 어머니는 아이를 제대로 돌볼 수 없었다. 아이 양육보다 일을 더 중요시하던 시대였다. 난 역기능 가정에서 정서적 욕구를 충족하지 못하고 감정 발달이 안된 채 점점 기가 죽고 소심한 성격이 되어갔다. 내 욕구를 주장할 수 없었고 조용히 지내야 했다. 어른들의 뒷담화에 눌려 존재감 없이 지냈다. 성인이 되어 당시를 회상했을 때, 내 기억창고 어디에도 어린 시절에 어머니와 함께했던 정서적인 그림이 없었다.

어릴 적부터 내 편이 없다는 것을 알았다. 칭얼대고 떼쓰고 울어봐야 와서 달래주는 사람이 없었다. 그냥 얌전히 있어야 야단맞지 않는다는 사실을 깨달아갔다. 곧이어 동생들이 태어났으니 서서히 감정을 억압하고 생각을 숨기는 게 더 자연스러워졌다. 할 말이 있어도 참는 것을 착한 것으로 여기고, 점점 소심하고 자기표현을 할 줄 모르는 아이로 자라갔다. 어른의 관심이 아들에게 쏠리던 때였다. 딸은 시집보내면 남의 식구가 된다고 생각해 별 관심을 두지 않았다.

성격이 형성되는 어린 시절에 가족들의 따뜻한 배려와 지지를 받지 못하고 자란 환경이 안타깝다. 돌봄은 먹이고 입히기만 하면 끝나는 게 아니다.

뇌는 정서와 감정 조절 능력, 지능과 애착 형성뿐만 아니라 신체 기능에 필요한 수많은 영역을 담당한다. 우리 몸에서 제일 중요한 부분의 하나다. 아이의 뇌는 태어나서 3세까지 성인 뇌의 80%가 자라며, 부모와의 상호작용을 통해 성장하고 발달한다. 부모로부터 받는 자극이 평생 유지되는 성격과 지능을 결정짓게 된다는 것이다. 부모와의 상호관계가 얼마나 중요한지 모른다.

어린 시절을 억압과 복종 속에서 보낸 아동은 비정상적인 심리 작용을 한다고 알려져 있다. 그 결과 소극적이고, 비굴하고, 굽신거리고, 걱정 많은 아이로 자라게 된다고 정신분석학자들은 보고 있다. 유아기에 보고 듣고 하는 오감의 영역이 적절히 발달하는 게 필요한 것이다. 어린 시절 내게는 여러 영역에서 결핍이 있었다.

*

건강하지 못한 정서

한번은 무엇 때문이었는지 큰집 언니와 쥐어뜯고 싸운 적이 있다. 어른들은 마당에서 탈곡기로 볏단을 타작하고 있었다. 우리가 싸우는 소리에 아버지는 화가 났다. 우리 둘을 집 뒤뜰 한구석으로 데리고 가 회초리를 들고 종아리를 둘 다 똑같은 횟수로 때렸다. '어? 둘 다 똑같이 맞네!' 나는 늘 어른들이 언니와 나를 다르게 대한다고 생각했다. 그런데 아버지가 우리 둘을 똑같이 대하는 모습에 매가 그리 아프지 않게 느껴졌다.

나는 어른들로부터 차별당하고 애꿎게 비난 듣는 것을 당연하게 여겼다. 그때는 그래야 하는 줄 알았다. 당시에 그게 불합리하다는 것을 알았다면 어땠을까? 억지로 견디느라 지금보다 훨씬 분노가 가득한 사람이 되지 않았을까? 잘못된 것을 구분하지 못한 이유는 집안 어른들의 말과 태도 속에 길들여졌기 때문이었다. 어머니가 자신의 의사 표현을 하지 않고 말없이 숨죽이고 지내며 일만 하는 모습을 지켜보았기 때문이기도 했다. 이를 자연스레 받아들이며 어머니의 감정이 이입된 채 정서적인 교류 없이 환경에 갇혀 살았다. 당시 사람들은 애초 그런 아이로 태어났다고 생각했을 것이다. 학문이 발달한 지금에야 당시 아이가 건강한 정서로 자라기에 적합하지 못했다는 것을 알 수 있다. 양쪽 집에 연년생으로 아이들이 태어나 고만고만하게 자랐다. 지금 생각해 보면 어느 아이 하나에게 진지한 관심을 줄 형편이 되지 못한 게 사실이다.

거침없이 말을 하는 이모는 나를 많이 예뻐했지만 "말을 안 들으면 엄마가 도망가버린다!" 하고 가끔 겁나는 소리를 해서 감정이 억압되기도 했다. 학교에서도 손들고 말할 용기가 없어 머릿속으로 생각만 했다. 다른 애들은 손을 들고 말하는데 나는 정답을 알아도 손을 들지 못했다. 시간이 나면 혼자 다른 교실에 있는 도서관으로 책을 보러 갔다. 책을 무척 많이 읽었다.

눈치살이

큰집 언니와 같은 해 한 초등학교에 입학했을 때, 아버지가 당시 최고 좋은 책가방을 각각 사주셨다. 보통 책을 보자기에 싸서 매고 다니던 때라 처음 받은 책가방은 더 이상 바랄 게 없는 최고의 선물이었고 기분이 너무 좋았다. 그런데 이 일이 우리 집에 대해 드러내고 차별하는 계기가 될 줄이야. 언니와 나에게 똑같은 책가방을 사준다는 것은 큰어머니에게 용납될 수 없는 일이었다.

당시는 집에서 무명실로 짠 베에 물감을 들인 옷을 만들어 입던 시절이었다. 1년에 한두 번 명절에 시장에서 파는 기성복을 사입는 건 대단한 호사였다. 어느 설 명절에 아버지가 우리 집에 옷을 사 보냈다. 큰집 몰래 인편으로 보내온 것이다. 아버진 우리도 같은 자식이라 챙기고 싶은데 큰어머니의 싫은 소리도 피하고 싶었던 것이다. 옷을 펼쳐보니 직접 샀는지 누굴 시켜 샀는지, 허름하고 몸에 맞지도 않았다.

한동네에 사는 친척들과 사람들은 어머니를 인정해 주지 않았다. 어머니 뒤에서 수군거리고 비난하고 손가락질했다. 어머니는 요샛말로 왕따였고 마음 터놓고 얘기할 만한 사람이 없었다. 유일하게 어머니 편이 되어준 사람은 담장 너머에 사는 이모였다. 우리 가정이 인정받지 못하고 사는 것을 볼 적마다 성질 급한 이모는 분통을 터뜨리며 속상해했다. 이모에겐 자녀가 없어서 나를 친딸처럼 예뻐해 주었다. 어느 명절을 맞았을 때, 가장 예쁘고 값비싼 색동저고리 한복을 사서 내게 보란 듯이 입혀주었다. 내게 노래를 가르쳐 주고 춤을 춰보라고도 했다. 기죽지 않고 즐겁게 지내는 방법을 가르쳐 준 것이다. 이모의 적극적인 지지가 있어서 참 다행이었다. 내게 그나마 건강하게 형성된 정서의 부분은 이모 덕분이다.

한번은 어머니가 손아래 당숙모와 다투었는데, 당숙모는 자식들을 놔두고 집에서 나가라고 어머니에게 삿대질했다. 그 사실을 들은 아버지는 당숙모와 싸우고 2년간 불편한 관계로 지냈다. 이 일이 계기가 되어 우리는 그 동네에서 먼 곳으로 이사를 하게 되었다. 아버지가 우리를 읍내 가까운 곳으로 옮겨주었다. 초등학교 3학년 때였다. 이사를 하니 큰집 언니와 등하굣길이 달라졌다. 산등성이를 넘고 골짜기를 지나는 대신 큰길을 따라 다니게 되었다. 이제 눈치를 보지 않게 되어 너무 좋았다.

∗
읍내 가까이

이사 후 어머니는 동네 이장의 열 마지기 논농사를 혼자 지었다. 수확해서 절반씩 나눠 먹는 방식이었다. 3년간 이익금을 모아

아주 작은 동네 구멍가게 하나를 인수했다. 가게에 방 2개가 딸린 집인데 땅 주인이 따로 있어서 매년 임대료를 내야 했다. 우물도 없고 화장실도 없었다. 물은 두레박 우물이 있는 뒷집 샘에서 길어다 사용했고 볼일은 옆집 푸세식 변소를 이용했는데 그마저도 엄청 눈치를 봐야 했다. 변소를 더럽힌다고 퍼붓는 고성 악담을 참으며 아쉬운 소리를 해가며 살았다.

가게는 사람들이 장 보러 가거나 읍내에 나가는 길목에 있었다. 코딱지만 해서 우리 식구 입에 겨우 풀칠을 할 수 있었다. 그런데 3년 뒤, 대대적인 농지정리 공사가 있었고 집에서 약간 떨어진 쪽으로 커다란 신작로가 생겨났다. 우리 가게 앞을 지나던 사람들은 더 넓고 읍내가 가까워진 신작로를 통행하게 되었다. 우리 가게를 들르는 사람들이 급격히 줄어들었고 우리는 훨씬 가난해졌다.

우린 땅 한 평 없었다. 농촌인데도 그 흔한 파 뿌리 하나 심을 곳이 없어서 모든 것을 사 먹어야 했으니 서글픈 일이 아닐 수 없었다. 나와 동생들은 추수가 끝날 즈음 여기저기 이삭을 주우러 다녔다. 봄에는 보리밭, 여름엔 감자밭, 가을에는 벼 이삭과 고구마 이삭을 주우며 해지는 줄 몰랐다. 땔감을 구하는 것은 무척 힘든 일이었다. 시간만 나면 야산에 가서 나뭇잎을 긁어모아 가져왔다. 방앗간에서 나오는 쌀겨를 얻어다 불을 때기도 했다. 보리밥에 무를 썰어 넣고 물을 많이 부어 끓여 만든 죽을 여러 끼 먹일 때가 가장 싫었다. 어머니는 늘 먹거리와 땔감을 구하느라 노심초사했다.

어느 장날, 아버지가 집에 오셨다. 어머니가 양식이라도 좀 보내달라고 말하는 게 들렸다. 다투는 소리였다. 아버지는 아무것도 갖다 먹으려고 하지 말라며 소리를 질렀다. 큰집에는 고구마나 감이나 먹을 게 늘 있는데 그것은 우리 것이 아니라고 하셨다. 아버지가 왜 그러는지 몰라 너무 야속했다.

아버지는 사업한다고 무작정 뛰어들었다가 투자했던 돈을 사기당했다. 두 집에 고만고만한 어린 자식들 뒷바라지가 한창 필요할 때라 시름이 깊어졌다. 사기꾼에 대한 울화와 스트레스로 건강을 잃은 아버지는 간경화로 49세에 세상을 일찍 마감하고 할머니보다 먼저 하늘로 가셨다.

아버지 병이 깊어 가망이 없다고 할 무렵, 어머니는 마지막이라 생각하고 큰집으로 갔다. 아버지는 누워 극심한 통증으로 고통스러워하면서도 어머니 손을 잡아주었다. "약속한 것을 못 지켜 미안하다. 데려다가 마음고생만 시켰다"라는 말을 했다고 한다. 아들만 낳으면 논을 30마지기 이전해 주겠다는 약속을 지키지 못한 게 끝내 걸린 것이다. 어머니는 그 말에 조금이라도 위로가 되었을까? 어머니를 내치려고만 했던 큰어머니와는 달리 아버지는 끝까지 책임을 지고 약속을 지키고 싶어 한 것이다.

죄인인 삶

　내가 아기였을 때, 어머니가 날 둘러업고 친정으로 가버린 적이 있었다. 떳떳하게 살지 못하는 게 너무 싫어 더 이상 살고 싶지 않아서였다. 아버지가 찾으러 왔다. "내가 약속하지 않았느냐!"며 조금만 기다려 달라고 거듭거듭 설득해 데려왔다고 한다.

　내가 좀 자랐을 적엔 날 재워놓고 보따리를 들고 조용히 집을 나선 적도 있었다. 비가 부슬부슬 내리는데 어머니는 우산도 없이 걷다가 큰 당산나무 밑에서 가던 길을 멈추어 서고 말았다. 어린 딸을 두고 가버리면 또 불쌍한 아이를 만들 것 같았던 것이다. 오씨 집안에 두고 온 남매도 가슴에 맺혀있었다. 서럽기 짝이 없고 어찌해야 할지 몰랐다. 빗물인지 눈물인지 하염없이 얼굴을 흘러내렸다. 다시 곱씹어 생각하고 또 생각하다 눈물을 훔치며 어둑어둑해진 길을 다시 돌아올 수밖에 없었다. 어머니는 이러지도 저러지도 못하고 평생 바보처럼 살았노라고 했다.

　어머니는 늘 사는 게 떳떳하지 못했다. 아버지와 마주앉아 맘 편하게 도란도란 밥 한번 먹어보지 못했다. 얼굴 한번 똑바로 바라보며 말해보지 못했고, 다른 사람들 앞에서 내 남편이라고 하지도 못했다. 떳떳하지 못한 마음에 언제 어디서나 숨죽이고 살았다. 본

가정은 희생할 만한 가치가 있다

부인이 있는 집에 들어와 어찌지 못하고 사는 게 부끄럽고 죄인 같았다. 오 씨 집안에서 나올 때 남매를 데려오지 못해서 두 아이는 평생 가슴에 맺힌 응어리가 되었다. 그 일을 생각할 적마다 늘 죄인이었다. 훗날까지도 죄스러운 마음에 하늘을 향해 똑바로 누워 두 다리 펴고 잘 수 없었다. 항상 옆으로 돌아누워 자는 것이 하나님 앞에서 죄송함의 표현이었다. 웃음 한번 시원하게 웃지 못하고 산 어머니 밑에서 나는 어릴 적 즐거웠던 기억이 생각나지 않는다.

3 화성남이 사는 법

*

물 한 잔

화성 남자는 어머니를 따라 덕소 신앙촌으로 이사한 뒤 경제적으로 풍족하게 자랐다. 가족이라곤 젊고 돈 많은 어머니와 아들, 둘 뿐이었다. 신앙촌에 넉넉하게 헌금도 하고 어렸을 적부터 원하는 것을 얻는 데 어려움이 없었다. 손목시계를 찬 사람은 반에서 혼자였다. 시계는 친구들이 돌아가며 손목에 차보다가 수업이 끝나면 본인에게 돌아왔다. 중학생 때까지도 집에 돈다발이 쌓여있었다. 캐비닛을 열면 밀가루 포대 자루에 가득 담겨있던 돈다발이 쏟아지곤 했다. 열쇠도 안 채운 캐비닛에 돈을 넣어두고 살았다. 돈 있는 것을 알고 여기저기 주변에서 빌려 간 사람이 많았다. 그 많던 돈도 고등학교 다닐 무렵엔 다 떨어졌다.

화성 남자의 첫 별명은 '물 한 잔'이었다. 고등학교 2학년, 학교 웅변대회에 참가했을 때였다. 모든 교사와 학생이 운동장에 모였다. 단상 앞쪽으로 학생들이 모여 앉았고 뒤편에는 심사위원 선생님들이 자리하고 있었다.

가정은 희생할 만한 가치가 있다

화성 남자의 차례가 되었다. 단상에 올라 한참 연설하던 중 갑자기 원고 내용이 생각나지 않았다. 졸지에 멘붕 상태가 되었다. 애써 침착함을 유지하며 단상에 놓인 물 한 잔을 들이켰다. 그리곤 컵을 어깨 뒤로 버렸다. 컵 속엔 물이 남아있었다. 하필 컵의 물이 교감 선생님 얼굴에 뿌려졌다. 갑자기 폭소가 터지더니 난리가 났다. 심사위원석에 소동이 일어났고, 깜짝 놀란 교감 선생님은 벌떡 일어나더니 얼굴과 옷의 물을 털어내며 껄껄 웃었다. 교감 선생님이 웃자 옆에 있던 선생님들이나 앞에 있던 학생들이 다 같이 소리 지르고 박수 치며 난리가 났다. 운동장 분위기가 갑자기 반전되었다. 예상치 못한 웃음 소동으로 딱딱하고 지루했던 분위기가 화기애애해졌다. 늘 무표정하고 근엄한 교감 선생님이 물세례를 받자 모두 박장대소를 했던 사건은 내내 학교의 이야깃거리가 되었다.

그날부터 '물 한 잔'이라는 별명으로 얻고 교내의 유명 인사가 되었다. 친구나 선배들은 물론 선생님들까지 어깨를 툭툭 치며 아는 척을 해주니 학교생활이 즐거워졌다. 이때부터 왠지 모를 자신감이 생겼다. 이듬해 그는 반에서 군기반장이 되었다. 사소해 보일 수 있는 일이지만, 이 사건은 자신이 확 달라지는 '터닝 포인트'가 되었다. 그동안 아버지와 형제 없이 외아들로 자라며 늘 위축된 정서 속에 있다가 이때부터 원래의 기질이 드러나기 시작했다.

과잉보호

화성 남자가 자란 배경은 좋은 성품이 형성되기에 적합하지 않았다. 신앙촌은 외부로부터 통제된 곳이어서 아무나 쉽게 드나들 수 없었다. 초창기엔 입구에 설치된 경비실의 출입 허가를 받아야 해서 찾아오는 사람도 드물었다.

아버지 없이 살면서 신앙촌이라는 울타리 안에서 친인척의 왕래도 거의 없어 정서적인 교류가 취약했다. 자연히 홀어머니 아래 과잉보호 속에서 자랄 수밖에 없었다. 어머니와 둘이서만 살았던 단조로움은 열악한 토양이 되었다.

심리 전문가들은 유아기 시절의 환경이 성격을 형성한다는 것과 출생 순위가 개인의 성격 형성에 영향을 미친다는 연구를 발표했다. 또한, 외아들은 부모의 기대를 한몸에 받게 되어 강박관념을 갖게 된다는 것이다. 어쩔 수 없이 강한 부담과 압박을 받고 자라게 된다. 성별에 상관없이 외동의 경우 자기중심적 성향이 형성된다.

순박한 어머니는 오직 신앙촌과 아들밖에 몰랐다. 성격이 활발하지 않아 다른 사람들과 왕래가 별로 없었고 세상 돌아가는 것에 무관심했다. 그러다 보니 아들을 어떻게 키워야 하는지 몰라 아들의 비위를 맞추기만 하고 따끔한 말로 가르치지 못했다. 어머니에겐 아들 하나가 인생의 전부여서 아들을 친구처럼, 남편처럼 의지하며 단둘이 살아온 삶에 익숙했다.

결혼하고 신혼 초에 겪었던 일이다. 남편이 출장을 갔다가 이틀 만에 집으로 들어오는 시간이었다. 시어머니가 아들을 몹시 기다렸던 모양이다. 현관문이 열리자 반사적으로 일어나 뛰쳐나갔다. 새댁인 나보다 먼저 반응하는 것을 보고 놀랐다. 들어오는 아들의 얼굴을 쓰다듬어 만지면서 "어디 갔다 이제 왔어!" 하며 혀 짧은 소리로 반겼다. 젊은 며느리가 옆에 있다는 사실을 잊어버린 듯했다.

어느 날 밤엔 이런 일도 있었다. 잠잘 시간이 지나 우리 부부는 불을 끄고 이불 속에 들어가 있었다. 상당한 시간이 흘러 막 잠이 들려던 참이었다. 그런데 갑자기 방문이 확 열리는 게 아닌가? 어떤 노크도 없이 시어머니가 문을 열어젖힌 것이었다. 나는 깜짝 놀랐으나 일어날 수가 없어 이불을 뒤집어썼다. 남편이 상체를 일으켜 앉았다. 시어머니 손에 접시 하나가 들려있었다. 이웃집에서 가져온 음식인데 지금 먹어야 맛있다며 같이 먹자고 들고 올라온 것이었다. 어머니는 아들 내외가 신혼이라는 생각을 하지 못했다.

화성 남자가 아버지나 형제들 없이 어머니와 단조롭게 살아야 했던 여건은 부정적인 영향을 미쳤다. 어머니 외에 부대끼며 사는 가족이 없어 가정 안에서의 관계에 대해 배울 수 없었다. 형제들 사이에서 억울한 일을 당해보고 양보도 하면서 절제와 인내를 배우는 법이다. 그런데 마음대로 자랐기에 격한 감정을 추슬러야 할 필요가 없었다. 가정이 어떤 곳인지, 가장의 역할이 무엇인지 배울 기회가 주어지지 않았다. 어머니가 오냐오냐하며 다 받아주며 자라 모든 것을 자기중심으로 생각하는 태도가 배게 되었다. 외동인 아들이 스스로 해야 하는 것까지 어머니가 챙겨주다 보니 길들여진 것이다. 어머니는 글을 몰랐기에 정보도 없었고 제한된 곳에서 충실하게만 살았다. 어떻게 해야 아들을 마마보이로 키우지 않을 수 있는지 알 수 없었다.

＊

환경과 기질

　　화성 남자의 성격이 비정상적으로 형성된 계기가 또 있다. 어느 날, 같은 또래 친구와 치고받고 싸웠다. 키가 크고 싸움도 잘해 싸움이 벌어지면 맞은 것보다 상대를 더 많이 때리는 편이었다. 그런데 다음 날 찾아온 친구의 형에게 엄청나게 두들겨 맞았다. 친구랑 정당하게 싸운 일인데 형이 찾아와 복수했다는 게 무척 억울한 생각이 들었다. 하지만 자기에겐 힘이 되어줄 사람이 없었다. 외동의 서러움을 비로소 깨달은 것이다. 그 후로도 아이들과 싸우고 나면 그의 아버지나 형이 찾아와 야단을 치거나 때리곤 했다. 피해의식이 점차 자라 분노로 자리 잡았다. 본래 기질적으로 순응적이지 못한 데다 스스로 강해져야 한다는 생각에 공격적인 성향이 커졌다.

폐쇄된 신앙 공동체가 오히려 화성 남자를 야생마로 만들었다는 생각이 든다. 넘치는 혈기와 강한 자기중심적 사고와 막말을 해버리는 태도가 그때 형성되었다. '욱'하고 올라오는 감정을 절제하거나 처리할 줄 몰랐다. 그런 상황을 만났을 때 논리와 설득으로 풀어나가는 게 안되었다. 감정이 올라오면 다음을 생각지 않고 그 자리에서 막말을 해버려야 직성이 풀렸다. 손해를 보더라도 일단 먼저 공격적으로 소리치고 봤다. 세상은 목소리 큰 사람이 이긴다고 생각했다. 다른 사람에게 바른 소리나 질책을 들을 때도 참기 힘들었고 그것이 비난으로 들려 심한 모멸감을 느끼곤 했다. 큰소리 뒤의 내면에는 외로움과 억울함과 분노 그리고 피해의식과 낮은 자존감이 감춰져 있음을 깨닫지 못했다.

환경에는 장사가 없는 법이다. 화성 남자의 가부장적 사고와 외골수적 기질은 환경의 지배를 받은 결과였다. 교과서에서 배울 수 없는 것들을 가족과 친지와의 관계 속에서 터득할 수 있는데 그럴 기회가 주어지지 않았다.

4. 교회로 간 여자

*

부흥회

금성 여자는 일자리를 찾아 서울로 올라왔다. 거대하고 복잡한 서울 거리는 낯설었다. 비슷한 골목길에서 헤매게 될까 봐 집 앞을 나설 때면 잔뜩 긴장되었다. 오촌 고모를 따라 큰 교회에 나갔다. 초등학교 때 아주 작은 교회를 조금 다닌 후로 이런 큰 교회는 처음이었다. 방바닥이 아닌 의자에 앉아 예배를 드렸고 책에서만 보던 멋진 피아노와 찬양대도 처음 보았다. 우렁찬 목소리로 찬송하며 팔을 휘젓는 지휘자의 모습이 생소했고 사람들의 찬송 소리, 기도하는 모습이 웅장하게 느껴졌다. 도시의 교회는 신선한 충격이었다.

부흥회라는 행사에 처음 참석했다. 외부에서 목사님이 강사로 왔고 월요일 저녁부터 토요일 새벽까지 14번을 모이는 긴 행사였다. 처음 참여한 부흥회에서 누가복음 15장 말씀이 마음에 다가왔다. 아버지 집의 소중함을 모르던 탕자는 아버지를 떠났지만 기다려 주는 아버지에게 다시 돌아올 수밖에 없었다. 집 나간 탕자 아들이 돌아오기를 기다리며 아버지는 날마다 대문 밖으로 목을 빼고 귀 기울이며 살핀다는 부흥강사의 비유 설교가 그대로 가슴에 와닿았다.

하나님은 내가 아버지 집으로 돌아오기를 기다리셨다는 생각이 들었다. 하나님이 날 그렇게 기다리셨다고 생각하니 감격하지 않을 수 없었다. 눈물을 쏟아내며 부끄러운 줄 모르고 울었다. 또 당시 집회에서 심각했던 축농증이 치유되는 은혜도 체험했다. 그 뒤 지금까지 재발한 적이 없다.

난 순박하고 어린 시골 소녀였다. 거대한 도시에 와서도 집과 교회만 왔다 갔다 했다. 기독교가 뭔지도 모르던 나에게 말씀으로 찾아오신 하나님은 온 우주의 주인이었다. 그동안 하나님이 살아계시는지 몰랐다는 게 어린 마음에 깊이 회개가 되었다.

예배 때마다 옆자리에 모르는 사람이 앉아있어서 눈물 콧물을 흘리는 기도가 창피할 법도 한데 하나님을 만나니 문제가 되지 않았다. 회개할 것이 왜 그렇게 많은지 기도할 때마다 눈물을 쏟아 여름 바지 앞부분이 축축하게 젖었다. 시골에 있는 식구들을 전도해야 하는데 어쩌나 하는 조급한 마음에 집회 시간마다 눈물로 기도했다.

하나님이 나의 아버지로 믿어진 이후 얼마나 감사하고 기쁘던지 예배를 사모하여 새벽기도를 2년간 빠지지 않고 다녔다. 새벽예배 때 간절히 기도하다가 눈을 뜨면 사람들이 모두 집에 가고 교회 안에는 덩그러니 혼자 남아있었다. 집으로 돌아오는 길엔 가슴이 벅차 저절로 찬송이 나왔다. 한 포기 풀도 창조주 하나님을 향해 노래하고 춤을 추었다. 거리의 흔들리는 나뭇잎들도 나와 함께 찬양한다고 말하는 것 같았다. 모든 것이 감사하고 기뻤다. 마음이 말씀으로 가득해지자 걱정이 사라졌다. 내가 어디서 무얼 하든지 하나님이 함께해 주실 것 같았다. 온갖 예배에 참석했다.

그런데 신약성경을 읽으라고 해서 읽었는데 잘 이해가 안 되었다. 기본 지식이 없어 읽을수록 궁금한 것들이 많았다. 질문해도 속 시원하게 답해주는 사람이 없었다. 성경을 체계적으로 가르치는 곳이 없었다. 기도원에 가거나 부흥회에 참석하는 게 전부였다. 많은 궁금증을 풀지 못한 채 지나갔다.

∗
변화된 삶

이후 회사에 들어갔고, 직장 동료들을 전도했다. 청년부에 들어가 교회 활동을 열심히 했고 성가대도 하고 주일학교 교사도 했다. 성가 연습을 마치면 30여 명의 성가대원과 함께 교회 집사님이 끓여주는 라면을 먹었다. 교회에서 식사 제공을 안 하던 때라 라면은 특별한 선물 같았다. 한꺼번에 끓인 수십 명분의 라면은 불어 터지고 대파나 계란도 없었지만 얼마나 맛있던지 라면 먹는 시간이 매주 기다려지곤 했다. 당시 회사 기숙사에 살았는데 규율이 엄했다. 평일에 하는 교회 행사에 참석하지 못할 때면 사감 선생이 원망스러웠고 속상해서 병이 난 적도 있었다.

교회생활은 내 삶에 절대적인 영향을 미쳤다. 교회 문화 속에서 성장했고 친구를 사귀었다. 교회가 집이고 교회 사람들이 식구였다. 난 교회가 좋았다. 청년 시절에 교회 문화는 내가 세상적 즐거움에 물들지 않도록 보호막이 되어주었다.

하나님에 대해 잘 알지 못했지만 교회는 내 마음을 누일만한 곳이었다. 교회 안에서는 차별이나 사람을 편견 없이 대해주니 좋았다. 모두를 똑같이 대해주니 밝게 어울릴 수 있었다. 교회 안의 코이노니아(교제와 사귐)를 통해 가정에서 배울 수 있는 그 이상의 것들을 배울 수 있었다.

예수를 믿고 나서 역기능 가정 속에서 위축되었던 내면이 매우 자유로워졌다. 이전엔 어디를 가도 눈치를 보고 누가 뭐라 하지 않아도 스스로 위축되었다. 이제는 부족한 나도 사람들과 교제하며 동등하게 살아갈 수 있다는 것을 알게 되었다. 나를 다르게 대하는 사람들의 시선이 그다지 중요하지 않다는 것을 깨달았다. 믿음으로 살면서 자유를 얻었고 정신적으로 정서적으로 약했던 부분이 많이 회복되었다.

*
영적 무감각

1973년, 중동전쟁이 터지자 세계적인 오일쇼크가 일어났다. 우리나라에도 큰 파장이 일어 영향을 받았고 많은 공장이 정부 방침에 따라 지방으로 이전해야 했다. 서울에서 내가 다니던 회사도 경기도로 옮겨가게 되었다. 나도 회사를 따라가게 되어 교회와 친한 사람들로부터 멀어졌다. 정든 교회를 떠나 회사에서 가까운 교회에 다니게 되었고 새로운 환경에서 신앙생활을 하게 되었다. 그동안 오직 교회만 알고 지냈던 생활과 사뭇 달라졌다. 동네 골목과 상점 등 친숙하던 것들이 없어지고 새로운 것들을 마주하니 모든 게 낯설었다.

전에는 교회 청년들과 함께 교회 일로 어울리며 주일이면 아침부터 종일 바쁘게 교회에서 보냈다. 그런데 새로 나가게 된 작은 교회는 내가 할 일이 없어 보였다. 교회 활동이 없다 보니 교회는 잠시 예배할 때만 가는 곳이 되었다. 갑자기 많은 시간이 주어져 처음에는 뭔가 해야 할 일을 하지 않은 것 같은 마음이 들었다. 하지만 점차 그 삶에 익숙해졌다.

내 신앙은 아직 연약했다. 한결같은 믿음을 이어갈 만큼 충분히 양육되지 못했다. 옆에서 간섭하는 사람도 없으니 일상에 긴장감도 사라졌다. 성경은 이해하기 어려워 교회 갈 때만 들고 다녔다. 하나님의 자녀로 어떻게 구별된 삶을 살아야 하는지 몰랐다. 어느새 순수했던 열정은 어디론가 사라지고 교회생활은 습관적으로 되었다. 주일예배에 빠지지 않고 세상으로 엇나가지는 않았지만 예배를 사모하는 마음이 없어졌다. 영적으로 무감각해진 것이다.

영적인 멘토가 없어 직장인으로 살면서 말씀을 어떻게 적용해야 하는지, 어떤 마음 자세로 구별되어야 하는지 알지 못했다. 팔을 벌려 유혹하는 세상의 위험을 자각하지 못했다. 차츰 친구들과 어울려 놀러 다니는 재미에 빠졌다. 회사에서 팀 리더가 되면서부터는 팀원들을 우선으로 챙겼고, 팀워크가 중요하다는 이유로 시간만 나면 그들과 들로 산으로 돌아다녔다. 교회의 어디에도 매이지 않고 영적인 긴장감도 잊은 채 자유롭고 느긋한 삶에 익숙해져 갔다.

그러던 중 종로에 있는 본사로 차출되었다. 본사 영업부 사무실에서 근무하게 되는 뜻밖의 행운이 주어진 것이다. 그동안 근무하면서 이런 경우를 본 적이 없었는데 아주 특별한 일이었다. 공장에서 단체로 죄수복 같은 공장 가운만 입다가 화사하고 멋진 사무실 유니폼을 입고 근무하니 너무 기분이 좋았다. 서울 아가씨가 된 것이다.

내가 본사로 오게 된 이유는 제품이 반품되는 것을 줄이기 위해 거래처를 방문할 직원이 필요해서였다. 제품을 잘 아는 사람이 출하된 제품 중에서 불량품을 날카롭게 선별해 내야 했다. 거래처를 찾아 곳곳을 다니게 되었다. 본사로 옮겨오면서 몇 년 만에 다시 이전 교회를 다니게 되었다. 돌이켜 보면 이때가 신앙을 다시 회복할 기회였다. 그런데 영적으로 회복되어야 한다는 자각이 없이 여전히 주일예배만 드리고 다녔다. 교회 분위기가 전 같지 않고 겉도는 느낌이 들었다.

가정은 희생할 만한 가치가 있다

5. 잘나가던 남자

✱

모험의 기회

　금성 여자가 교회에 발을 들여놓을 즈음, 화성 남자는 어떻게 살고 있었을까? 그는 고등학교를 졸업하고 한국관광공사에 들어갔다. 1969년 국가에서 관광 전문 인력을 양성할 목적으로 공사 내에 호텔학교를 설립하고 학생 모집을 했다. 호텔학교 1회 학생이 된 것이다. 졸업 후 유일하게 혼자 소공동에 있는 조선호텔에 들어갔다. 당시 우리나라 최고 5성급 호텔이었다. 호텔 바(bar)에서 바텐더로 일을 시작했다. 외국에서 온 VIP들에게 서양식 칵테일을 만들어 제공하면서 가까이서 그들을 마주할 수 있었다. 영어로 어느 정도 대화가 가능했다. 귀빈들은 물론 외국 유명 가수나 배우도 만나볼 수 있었고 그들에게 칵테일을 제공하며 살았다. 청와대 안에 있는 영빈관에도 갔다. 국내외 내빈을 접대하는 축하 파티가 열리면 다른 직원들과 함께 들어가 상위 1%의 사람들에게 서비스한 것이다. 만족스러운 시절이었다.

　단골손님 중에는 바레인에서 온 왕자도 있었다. 당시 한국에서 중동에 근로자를 많이 파견할 때였다. 중동 지역 인사들이 사업 관계로 한국을 자주 찾았다. 바레인 왕자가 호텔에 묵을 때 바에 와서 혼자 양주를 마시곤 해서 그와 친해졌다. 그는 바에 올 때면 항상 미스터 김(화성 남자)을 찾았고 둘은 서로 반갑게 인사했다. 한번은 자기 나라 바레인에 가서 함께 살자고 말했다. 갑작스런 제안에 가벼운 거절 사인을 보내자 자신이 바레인 왕자라고 밝혔다. 바레인은 좋은 나라인데 거기서 부자가 되게 해주겠다며 엄지손가락을 치켜세웠다. 호기심도 생기고 부자가 될 수 있다는 말에 며칠 고민을 했다. 한번 가서 모험해 보고 싶은 생각이 들었다. 하지만 지금처럼 인터넷이 있던 시절이 아니다 보니 다른 나라에 대한 정보가 없어 쉽게 결정할 수 없었다. 해외여행도 자유화되기 전이라 다른 나라에 가서 살기 위해선 큰 결단이 필요했다. 무엇보다 나이 든 어머니를 혼자 두면 돌볼 가족이 없는데 무작정 혼자 떠날 순 없었다. 바레인 왕자는 그 뒤로도 몇 번이나 함께 가자고 말했다.

화성 남자는 서열이 심한 조직에 있는 게 불편했고 분노도 잘 다스리기 힘들어 젊은 혈기로 호텔을 나와버렸다.

*

인기 DJ

서울 중심가로 진출했다. 종로와 명동, 충무로에 있는 음악다

가정은 희생할 만한 가치가 있다

방에서 디스크자키(DJ)로 일하기 시작한 것이다. 70년대 당시 음악다방은 젊은이들이 누릴 수 있는 낭만적인 최고의 문화 공간이었다. 지금의 커피숍하곤 비교할 수 없었다. 인터넷이나 핸드폰이 없던 시절, 그곳은 음악과 문화, 시사를 매개로 사람들과 소통하고 비즈니스도 이루어지는 장소였다. DJ가 "손님 중에 OOO 씨, 카운터에 전화 와 있습니다!"라고 공지하면 가서 전화도 받을 수 있었다. 다방에서 장소를 옮길 때면 다방 입구나 벽 게시판에 메모를 꽂아 늦게 온 사람이 보고 찾아올 수 있는 연락소의 역할도 했다.

DJ는 다방에서 단연 인기스타였다. 주로 뮤직 박스 안에서 음악을 틀어주는 일을 했다. 손님들이 메모지에 듣고 싶은 음악과 사연을 함께 적어 뮤직 박스 안으로 넣어주면, DJ는 곡을 설명하고 신청 사연을 읽은 후 원하는 곡을 들려주었다. PD, 작가, 진행을 모두 혼자 하는 것이다. 그야말로 음악적인 지식이 있어야 가능한 일이었다.

화성 남자는 많은 여성에게 선망의 대상이었다. 단골 여성 팬들이 초콜릿이나 껌을 뮤직 박스 안으로 넣어주기도 하고 데이트 신청도 많았다. 목소리가 굵고 마이크에 잘 어울려 인기가 많았다.

얼마 후 방송국들이 공영방송 체제를 갖추고 새로운 방송 시대를 열었다. 주변에 활동하던 유명 DJ들이 방송국으로 들어갔다. 자신도 마음만 먹으면 얼마든지 들어갈 수 있었다. 방송국 입사를 잠시 고민했다. 하지만 방송국에 들어가면 층층시하가 될 것 같았다. 오늘을 자유롭게 살고 싶었고 지금 받는 인기에 취해 만족했다. 머뭇거리다 그냥 포기했다. 안정된 직업으로 나갈 수 있는 절호의 기회였는데 놓치고 만 것이다. 적절하게 안내해 줄 멘토가 없었던 게 두고두고 아쉬움으로 남았다.

화성 남자는 유명 호텔의 바텐더 경험으로 고급 술맛을 알고 즐겼다. 술자리를 사양하지 않아 젊은 날부터 많은 술을 마시게 되었다. 그리고 술이 들어가면 자신의 기분과 감정이 우선이었다. 기분이 좋으면 좋아서, 기분이 나쁘면 나빠서 함께 술 마셔줄 사람을 찾았다. 영업을 하는 사람은 전략적으로 상대에게 뭐를 얻어내거나 타협점을 찾기 위해 술좌석을 만드는 법이다. 이 남자는 그런 것에 상관하지 않고 단지 기분을 위해 술을 마셨다.

점차 외향적 기질을 드러냈고 사람 만나는 것을 좋아하게 되었다. 활발하고 왕성하게 남들 앞에 나서는 성향이었다. 무대 체질이 되어 대중을 상대로 말하는 것에 거침이 없었다. 이러한 성향이 적절한 정서와 결합하였다면 좋았을 것이다. 하지만 어릴 적에 형성된 억울함, 외로움, 분노 같은 정서가 내면에 억압된 것을 스스로 깨닫지 못했다. 그것들이 표출되어 나오는 것은 시간문제였다.

6. 금성과 화성의 랑데부

✳
마음 가는 대로

결혼 적령기인 내게 교회 안에서 중매가 들어왔다. 그런데 이상하게 교회 다니는 남자들은 한결같이 멋스럽지 않고 패기가 없어 보여 마음이 가지 않았다. 아직 결혼 생각도 없었고 결혼이 무엇인지 제대로 모르는 상태였다. 결혼의 가치, 가정을 이루는 의미, 남자와 여자의 차이 등 기초적인 사항도 잘 몰랐다. 결혼에 대한 호기심만 있을 뿐 사람을 분별할 만한 안목을 갖지 못했다.

한 남자가 다가왔다. 소극적인 나와 달리 적극적인 사람이었다. 진취적인 태도가 자신감 있어 보여 좋았고 뭔가 할 수 있는 사람으로 느껴져 마음이 끌렸다. 외아들이라고 했다. 어디선가 외아들은 결혼 상대로 적절하지 않다는 말을 들었던 것 같았지만, 눈꺼풀이 씌었는지 형제가 없고 외아들이라 오히려 친정에 신경을 더 쓸 수 있을 것 같아 좋은 생각만 들었다.

이 남자에 대한 의견을 물어보고 싶어 주변 사람을 생각해 봤지만 의논할 상대가 없었다. 어떤 눈으로 남자를 판단해야 하는지, 이 사람이 결혼 상대로 적합한지 궁금했지만 누구와도 얘기를 나눠보지 못했다.

적극적이고 즉흥적인 성격의 남자는 바로 화성 남자였다! 객지 생활 중에 사랑이 그리웠던 차에 친밀하게 잘해주는 태도에 끌렸다. 결혼 이후를 깊이 생각해 보지 못하고 기도도 없이 마음 가는 대로 결국 그를 선택했다. 금성과 화성만큼이나 이질적인 만남이었다.

＊
화성 남자 알아가기

신혼살림은 신앙촌 안에서 어머니를 모시고 시작되었다. 결혼에 관해 환상을 갖고 있었음을 알아차리기까지 그리 오래 걸리지 않았다. 결혼생활의 실상을 직면하니 내 안목이 얼마나 짧았는지 곧 깨달아졌다.

둘 다 준비 없이 시작한 결혼생활이라 서로 힘들었다. 이 남자는 가정에 관심이 없고 늘 밖으로 돌았다. 가정과 아내를 소중히 생각지 않고 자기중심적이라 소통이 어려웠다. '이런 게 결혼생활이었어?' 하고 허무한 생각이 들었다.

가정은 희생할 만한 가치가 있다

장점으로 보였던 그의 기질이 오히려 나를 힘들게 했다. 그는 감성적이지 못했고 즉흥적이었다. 어떤 사안을 마음대로 결정했고 자기의 생각을 잘 표현하지도, 어려운 상황에 적절히 대처할 줄도 몰랐다. 흐름에 따라 합리적으로 말하는 게 아니라 기분에 따라 핀트가 안 맞는 막말을 내뱉었다. 그리고 내 정서를 이해하려고 하지 않았다. 내가 자기 생각과 다른 의견을 밝히면 거친 태도로 대화를 끝내버렸다. 말다툼을 할 적마다 소통이 안 되니 속이 터졌다. 항상 내 의견을 무시하고 일방적으로 주장해 버리니 대화가 어려웠고 존중받는 느낌이 없어서 점점 결혼이 족쇄처럼 느껴졌다.

이 사람을 이해할 수 없는 것은 한둘이 아니었다. 사소한 일에도 목소리를 키웠고 버스 안에서도 전화하는 목소리가 커서 다른 사람들이 쳐다보지만 개의치 않는 게 이상했다.

가끔 기분이 내키면 당황스러울 정도로 잘해주었다. 그럴 때마다 꼴딱 속았다. 그런데 감정 조절이 안 되면 갑자기 절제하지 않고 막말을 해버렸다. 만만해 보이는 아내를 감정 쓰레기 처리장으로 여기는 듯했다. 나 또한 감정을 받아내거나 대처하는 성숙함이 부족했다. 어떻게 해야 할지 몰라 힘들고 마음 추스르기 어려웠다. 나는 공감과 지지를 받지 못하게 되면서 사는 게 힘들어 숨이 막혔다. 다툼이 일어나면 그는 어느 날인가부터 "너 때문이야, 네가 문제야"라는 말을 쓰기 시작했다. 모든 것을 내 탓으로 돌렸다.

나는 주변에 마음을 털어놓고 얘기할 만한 친구가 없었다. 화목하지 못한 이유로 동네에서도 마음의 문을 닫고 사람들과 거리감을 두었다. 다른 사람들은 다들 어려움이 없어 보였고 누구도 날 이해할 수 없을 것이라는 생각이 들었다.

　소심한 데다 믿음이 적고 생각의 폭도 좁았다. 비교 의식과 낮은 자존감으로 늘 자신을 작게만 느꼈다. 남편의 기질을 이해하기에는 애당초부터 역부족이었다. 우린 서로 취약한 면이나 다른 배경과 성향을 이해하지 못했다.

　결혼생활이 힘들어지니 심리적 안정감이 무너지고 마음이 고갈되어갔다. 역기능 가정에서 발아된 부정적 요소가 남편에게 투사되었다. 처음에는 어릴 적에 생긴 심리적 결핍을 남편에게서 채우려고 했던 것 같다. 남편이 어떤 사람인지 모르면서 의지하고 싶고 기대고 싶었다.

　정서적으로 불안해지자 적절한 주장을 펴는 게 어려웠다. 어릴 적부터 지배당하고 눌려 지내온 것들에 익숙해져서 대항하기보다 가만히 있는 게 더 편했다. 그런 나를 남편은 만만하게 여기고 함부로 대했다.

　일방적인 그의 태도에 결혼 초에는 말대꾸도 하고 맞서보았지만 소용없었다. 상대가 안 된다고 느끼면서 무시당하는 상황이 되면 나는 즉시 어린 시절의 습관대로 정서적 심리공간 속으로 숨어들었다. 그리곤 제멋대로인 남편을 비정상적인 이상한 사람이라고 탓하고 속으로 비난하고 정죄했다.

우리 두 사람은 이렇게 서로 취약한 정서가 있었기에 상대를 알아보지 못했다. 준비 없이 시작된 결혼은 불안하기 짝이 없는 결합이었다.

✳

숨은 은혜

쌍둥이가 태어난 후에도 남편은 나를 아내로 대하지 않았다. 가정에서 가장이 가족을 제멋대로 대할 때 이를 견뎌내는 것은 쉽지 않다. 그럼에도 내가 버틸 수 있었던 이유는 어릴 적부터 참는 일에 익숙해져 있었기 때문이라고 생각한다. 내가 성격이 급하거나 직성이 풀릴 때까지 꼬치꼬치 따지는 성격이었다면 어찌 되었을까? 상대하기 힘든 남편을 견뎌내는 어두운 시간을 지나올 수 없었을 것이다. 나의 어린 시절의 경험이 남편을 참아내는 데 기여했다고 말하면 지나친 표현일까? 화가 나고 억울해도 어느 정도 견디는 힘이 어릴 적부터 준비되어 있었다. 인정받지 못하고 무시를 당해도 무너지지 않을 수 있었던 것은 분명 은혜였다.

남편이나 나나 역기능 가정에서 자랐다. 누군들 그렇게 태어나고 싶었겠는가? 중동 바레인의 공주나 왕자로 태어났다면 어땠을까? 나를 지으신 이가 하나님이다. 나를 여기까지 인도하신 분도 하나님이다. 역기능 가정에서 태어난 것도, 화성 남자를 만나 좌충우돌하며 살아온 삶의 뒤에도 하나님이 계심을 믿는다.

처음 우리 둘이 만났을 때 서로 다른 면 때문에 호감을 느꼈다. 그런데 결혼 후에는 서로 다른 점 때문에 힘들었다. 우리는 달라도 너무 달랐다. 준비 없이 시작된 둘의 결합은 앞으로 어떻게 전개되어 갈까? 결혼생활이 과연 끝까지 갈 수 있을 것인가?

3장

멈추지 않는 롤러코스터

1. 집에서 나가라!

※

찢기고 상한 마음

"나가!" 남편의 말에 나는 아무런 대꾸를 하지 않았다. 그러자 다시 고함치는 소리가 들렸다.

"나가라고! 너 같은 거 필요 없어! 내 말 안 들려?" 얼마 전 처음 나가라는 말을 들었을 땐 맞대응하지 말자며 애써 마음을 억누르고 귀 뒤로 흘려버렸다. 그런데 또 귀를 의심하게 되는 막말을 하고 있다. 남편은 화가 나면 감정을 절제하거나 다른 사람을 헤아리지 않았다. 무엇 때문인지 자신의 즉흥적인 감정과 거친 말을 여과 없이 내뱉고 있었고 더는 참을 수가 없었.

"뭐! 나가라고? 지금 나한테 애들 놔두고 없어지라는 거야?" 적절한 말이 생각나지 않고 감정이 솟구쳐 올라왔다. 한마디를 더 하면 주먹을 휘두를 수 있어 가만히 있어야 하는 상황인데 너무 마음이 상해 한마디를 덧붙였다. "어떻게 그런 말을 할 수가 있어? 지금 애들 돌보느라 지치고 힘든 거 안 보여? 지금 그게 내게 할 소리야?"

그러자 답이 돌아왔다. "다 필요 없어! 네가 싫은데 어쩌라고, 그냥 네가 싫어~!"

나는 큰 다짐을 하고 쌍둥이를 데리고 신앙촌으로 들어왔다. 남편에게 가장의 책임이나 아내에 대한 배려 같은 것은 기대할 수 없었다. 아무것도 바라지 않으려 했다. 가끔 자존심이 상해 맞서기도 해보지만 계란으로 바위를 치는 격이었다. 아기들 키울 생각에 그간 가능하면 대립을 피하고 아이들만 생각하고 참아왔다.

그런데 오늘 또 말도 안 되는 그의 말과 태도에 꾹꾹 눌러놨던 감정이 폭발했다. 분함과 서러움이 밀려와 이전처럼 쉬이 넘어가지지 않았다. '내가 필요 없다니, 날 내보내려는 의도가 뭐야? 내게 눈길도 주지 않더니 그 여자를 데려오기라도 하겠다는 거야? 제정신이야?' 자기는 아이도 아내도 필요 없단다. 속에서 열불이 났다. 참을 수가 없어 지금에 와서 왜 그 말을 하느냐고, 그런 말 하는 의도가 뭐냐고 따졌다. 남편은 무지막지하게 내 인격을 짓밟았고 주먹을 휘두르며 화풀이를 했다.

'네가 필요 없다'는 말을 되새겨볼수록 소름이 끼치고 절망적인 기분이 들었다. 불편한 환경에서 애들 돌보느라 고생한다는 말은커녕 이렇게 날 내치려 하다니…. 옛날 가옥이라 애들을 키우는 2층 방에서 물을 사용하려면 부엌이 있는 1층으로 계단을 오르내려야 했다. 매일 수십 번 계단을 기어오르며 피골이 상접할 정도로 탈진한 상태였다. 서러움과 억울함이 밀려오고 화가 치밀어 올라 감정이 조절되지 않았다. 아무것도 기대하지 않기로 다짐했던 마음이 한꺼번에 무너져 버렸다.

두 아이가 스스로 걸으려다 넘어지는 시기라 한시도 눈을 뗄 수 없는 때였다. 눈에 보이는 것마다 입으로 가져가기에 어느 때보다 적극적인 돌봄이 필요했다. 이유식도 만들어 먹이고 있었다. '유치하기 그지없는 저 말뜻이 뭐야? 그래? 어디 우유 통 삶고 자다 울면 재우고 씻기고 먹이고 기저귀도 빨고 해보라지!'

난 무언가에 끌린 듯 허둥지둥 짐을 싸들고 집을 나오고 말았다. 주섬주섬 짐을 챙길 때 내심 붙잡아 주길 바랐지만 내 생각일 뿐이었다.

*

다시 기도원으로

갈 곳은 전에 갔던 기도원뿐이었다. 버스를 갈아타고 기도원에 도착하니 몸과 마음이 천근만근이었다. 분한 마음에 눈물이 폭포

수같이 쏟아지고 가슴이 메어왔다.

집회에 불참하고 먹고 그냥 쉬고 싶은 마음이 있었지만 무작정 금식을 시작했다. 너무도 절망스럽고 낙심이 되어 이대로 어떻게 되어버려도 상관없다는 자포자기 심정이었다.

'하나님이 계시기는 한 거야? 나를 알기나 하실까? 도대체 내게 왜 이러시는 거야!' 간절히 기도해야 하는데 기도는 안 되고 울분만 가득했다. 내게 내일이 있을지, 어떻게 살아가야 하는지 앞이 캄캄해 꺼이꺼이 울기만 했다.

내 선택이 잘못되었다면 어디서부터인가? 쇼크 상황에서도 아이가 잉태되었을 때 인내하도록 도우셨고 힘든 환경에서도 건강하게 낳을 수 있는 기적을 베풀어 주신 게 분명하지 않은가? 이제 다시 모든 것을 포기해 버릴 수는 없지 않은가?

마음이 낙심되고 어찌해야 할지 몰라 절망감이 밀물처럼 밀려들었다. 나는 정신적으로 육체적으로 그야말로 죽은 시체 같았다. 아이 키운다고 제대로 영양가 있게 끼니를 챙겨 먹지 못했다. 그동안 뭘 먹었는지 생각도 안 났다. 눈물이 귀밑으로 흘러내려 흥건히 적셨다. 정말 이대로 모든 것을 다 포기해 버릴까? 훌쩍 떠나 어디 먼 곳으로 가버릴까? 마음이 요동치고 있었다.

부서져야 하리

　이튿날 오후, 잘 먹지 못한 데다 금식까지 하니 몸이 천근만근이었다. 아픈 몸을 다시 바닥에 뉘었다. 스피커에서 익숙한 찬양이 흘러나왔다. 쉬는 시간마다 찬양이 울려 퍼졌으나 그냥 흘려들었다. 그런데 실컷 울고 난 뒤여서인지 찬양 가사가 귀에 들어왔다. 좀 자고 싶은데 계속해서 가사가 귀를 통해 마음을 터치했다. 아는 곡이라 나도 모르게 흥얼흥얼 따라 불렀다. 그냥 속으로 조그맣게 따라 했을 뿐인데 가사들이 내 영혼 속으로 스며들었다.

　　　부서져야 하리~ 부서져야 하리
　　　무너져야 하리~ 무너져야 하리
　　　깨져야 하리~ 더 많이 깨져야 하리
　　　씻겨야 하리~ 깨끗이 씻겨야 하리
　　　다 버리고 다 고치고 겸손히 낮아져도
　　　주 앞에서 정결타고 자랑치 못할 거예요

　찬양 가사가 상처 입고 지친 내 영혼 위에 폭포수처럼 떨어졌다. 찬양 중에 거하시는 하나님의 영이 찾아오셨다. 찬양 가사가 메시지가 되어서 들렸다. 성령께서 말씀하셨다. "네 자아가 부서져야 하고, 하나님을 의지하지 않는 어리석음이 무너져야 하고, 완고

한 네 중심적 사고가 깨어져야 한다. 뭔가 했다고 생각한다면 착각한 것이고 더 많이 깨어져야 하고 더욱더 낮아져야 한다." 주님이 굳어있는 내 마음을 어루만지는 게 느껴졌다.

성령님이 내 지친 영혼에 찾아오시니 회개할 마음이 일어났다. 벌떡 일어나 무릎을 꿇고 엎드렸다. "주님, 제 중심적인 생각들을 용서해 주세요. 저를 불쌍히 여겨주세요." 찬양을 통해 뜻밖에도 남편이 아니라 내가 부서지고 깨어져야 하는 것을 알게 하셨다.

'그렇구나! 하나님은 내가 깨어지길 원하시는구나! 그래, 내가 해야 하는 거였어!' 내가 아무리 숨죽이고 죽어지내려 했어도 그것은 내 의지로 하려는 것이었고 믿음으로 행한 것이 아니었다. 참는 것도 주님을 향한 믿음으로 해야 하는데 오롯이 내 힘으로 하려다 보니 기쁨이 없고 두려움뿐이었다는 것을 알게 되었다.

하염없이 흐르는 눈물과 함께 엉엉 울었다. 조금 전의 억울하고 분한 마음에서 나오는 눈물이 아니라 회개와 깨달음의 눈물이었다. 성령님은 상처 입어 기댈 곳 없는 내 영혼을 어루만지며 다 안다고 하시는 것 같았다. 여리고 약한 마음을 흔들어 깨우고 새롭게 해주셨다.

나는 하나님이 어떤 모양으로든 남편을 혼내주시길 바랐다. 그런데 내가 문제였다는 사실을 깨달았다. 내 안에 평안이 없는 원인은 남편이 아니라 바로 나 자신에게 있었다. 성령님이 오셔서 그걸 깨닫게 해주시자 감정이 누그러지고 무겁던 마음이 가벼워졌다.

배려 없고 일방적인 남편의 태도가 잘못되었다고 느끼고 늘 억울하고 분한 마음뿐이었다. 그런데 그것에 대해 얼마나 지혜 없이 대했는지 깨달았다. 무조건 참아버렸고 적극적으로 대처하려 하지 않았다. 쌍둥이 데리고 다시 들어올 때의 긴장감이 느슨해지고 어느새 원망과 미움의 싹을 키웠다. 주님은 그동안 당한 일로 억울하고 분통 터져 하는 내 자아를 한순간에 꺾고 위엄과 권세로 굴복시키셨다.

그런데 하나님은 대체 왜 나만 죽어지내라 하시는 걸까? 내가 그토록 무지하고 어리석어서일까? 남편에게 꿈에라도 나타나 "네 아내에게 함부로 하지 마라"고 호통을 쳐주시면 얼마나 좋을까? 설명이 안 되는 주님의 강한 임재 앞에서 아무 말도 할 수 없어 그저 울기만 했다. 하나님 앞에 서니 내 죄만 보이고 회개할 것밖에 없었다. 나의 태도와 마음가짐이 믿는 사람답기를 바라신다고 느껴졌다. 한 가정의 아내로서 자존심을 내려놓고 아이들을 돌보는 엄마로, 신앙인으로서 자리를 지켜야 함을 알게 하셨다.

실컷 울고 기도하고 나니 마음이 평안해졌다. 무엇보다 내 모든 힘든 상황을 알고 계시니 얼마나 힘이 되는지 계속 기쁨의 눈물이 났다. 내 문제는 "믿음이 적은 연고"(마 17:20)에 있었다. 마음에 기쁨이 가득 채워져 시원해지더니 천근만근이던 몸이 가뿐해졌다. 지쳤던 몸이 하나도 힘들지 않게 느껴져 신기하고 놀라웠다. 치유와 회복이 일어난 것이다.

다음 날 오전 집회를 마친 후 죽을 먹고 받은 은혜를 간직한 채 집으로 향했다. 3일 만이었다. 서둘러 버스를 갈아타고 마을 앞 정류장에 내렸다. 그런데 선뜻 발걸음이 집으로 옮겨지지 않았다. 이전의 모진 상황은 그대로일 것 같았다. 멀리서 집 주위를 바라보며 한참 서성이는데 아이들 울음소리가 들리는 듯했다. 주님이 주신 마음을 다시 굳게 다지며 잠깐 나갔다 온 사람처럼 집으로 쑥 들어갔다.

예상대로 아이들은 꾀죄죄한 모습으로 징징거리며 울고 있었고 온 집안이 엉망이었다. 시어머니와 남편은 칭얼대는 애들을 돌

보느라 허둥대며 쩔쩔매고 있었다. 열악한 환경에서 쌍둥이를 돌보는 게 얼마나 힘들고 어려운지 깨달았을까? 두 사람은 내게 아무 말도 하지 못했다. 나는 다시 육아와 집안일에 파묻혔다.

가정은 희생할 만한 가치가 있다

2. 이혼 결정

*
집문서

아이들이 네 살쯤 되고 보니 집 주변은 계단이 많아 아이들이 다니기에 위험했다. 집 위치가 높은 곳에 있어 집 뒤에서 조금만 가면 한강 낭떠러지였다. 집 앞에는 크고 작은 계단에다 시멘트와 돌덩이가 많아 길이 고르지 못했다. 결국 아이들 때문에 신앙촌을 나와 근처 마을로 이사했다.

그 후 시어머니가 당뇨 합병증이 심해지더니 갑자기 아들이 지켜보는 앞에서 돌아가셨다. 당시 나는 당뇨병에 대해 잘 몰랐는데, 어머니는 어떤 병인지, 음식을 어떻게 가려야 하는지 아셨다. 그런데 신앙촌 지침에 따라 병원을 안 다니다 합병증이 악화된 것이었다.

그 후 은행에서 대출받아 동네에 처음 지어진 작은 평수의 아파트로 다시 이사하게 되었다. 아이들이 활동량이 많은 6살이라 자유롭게 드나들도록 1층을 선택했다. 차도 많지 않던 시절이라 주변이 넓고 단지 내에 놀이터도 있어서 드디어 아이들에게 적절한 환경이 된 것 같았다. 잠시도 가만히 있지 못하는 애들에게 현관 문 밖이 위험하지 않았고 또래 친구들과도 함께 어울려 비로소 마음껏 뛰어놀 수 있는 여건이 되어 감사했다. 나는 가까운 교회에 나가기 시작했고 남편도 반대하지 않았다.

아이들이 초등학교 1학년 2학기 때였다. 집에 이상한 우편물이 날아들었다. 아파트를 가압류하겠다는 통지서였다. 가슴이 철렁했다. 세무서를 찾아가 이유를 알아봤더니 남편이 집을 담보로 받은 대출금의 상환이 여러 달 밀려있었다. 놀란 마음에 몸이 부들부들 떨렸다. 얼마 전 집문서를 내놓으라고 장롱을 뒤지고 책을 집어 던지며 난리를 쳤던 일이 생각났다.

뭣 때문에 집을 담보로 대출받았을까? 대출받고 가압류될 때까지 내게 숨겼다는 사실에 남편을 향한 신뢰가 일순간에 무너졌다. 몇 번 모른 척 넘어갔던 일들까지 떠오르며 과연 이 사람을 믿고 살아갈 수 있을지 근심이 되었다. 그러잖아도 무슨 일을 하고 있는지 수입이 얼마인지도 모르고 사는 중이었다. 매사가 투명하지 않았다. 앞으로 살아갈 일이 막막했다. 이 사람을 믿고 어떻게 살아가야 하나?

압류통지는 계속 날아왔고, 남편에게 어렵게 사정을 물어보면 우편물만 낚아채 갔다. 어떻게 해야 할지 화도 나고 걱정도 되었다. 지방 영업을 다니며 주 5일씩 집을 비우는 남편을 믿을 수가 없었다. 최고장이 오고 기한이 다가오는데도 그는 아무런 말이 없었다. 생각을 거듭하다 남편이 집을 비운 사이에 단호히 마음먹고 급히 집을 팔아 빚을 정리했다. 그리고 장기 계획을 세웠다. 애들을 외할머니에게 우선 맡기고 돈 벌러 혼자 미국에 가기로 했다. 한 지인이 미국에서 가게를 여러 개 운영하고 있는데 한국 사람을 필요로 한다고 해서 결정을 한 것이다.

며칠 후 남편에게 결혼기념일 여행을 제안했다. 여행지에서 이게 마지막이라 생각하고 좋은 말로 얘기를 꺼냈다. 집을 팔아 빚을 갚은 일과 미국으로 갈 계획을 들은 그는 예상한 대로 고함을 지르며 난리를 쳤다. "누구 마음대로!" 고래고래 소리 지르며 욕설과 끔찍한 막말을 퍼부었다. 집으로 가는 길에 운전대를 잡고 화풀이하며 거칠게 차를 몰아 가로수를 들이받으려 했다. "네가 공항을 무사히 빠져나갈 수 있을 것 같으냐?" 이를 갈며 씩씩거렸다. 절제할 힘이 없는 외골수 기질을 알기에 더 이상 맞설 수가 없었다. 계속 내 생각을 밀어붙였다간 거침없는 말과 행동에 무슨 일이 일어날지 모른다는 생각이 들었다. 뒷좌석에 불안한 채 앉아있는 아이들을 의식하지 않을 수 없었다. 나는 저주하는 막말과 공격 앞에서 울분을 삭이며 생각을 검토해야 했다.

밀리는 차 안에 두어 시간 말없이 앉아있다가 침묵을 깨고 입을 열었다. "애들도 커가는데 상의도 한마디 없이 당신 혼자 마음대로 대출을 받았지? 나는 당신이 대출받아 돈을 어디에 썼는지 난 아무것도 몰랐고 가압류 소식에 놀라고 불안했어." 아무 말 없는 것을 보니 감정이 조금 가라앉은 것 같았다. 인정한다는 것으로 알고 조심스럽게 조건을 내걸었다. 앞으로 적은 돈이라도 월급 받는 일을 하고, 교회를 함께 나가달라는 것이었다. 감정이나 생각을 숨기지 못하는 사람인데 아무 반응이 없어서 받아들이는 것으로 이해했다.

*

외갓집 전화번호

작은 월셋집을 얻어 부천으로 이사했다. 며칠 후, 남편이 집으로 돌아오는 길에 우연히 한 친구를 만났다. 신앙촌에서 같이 자란 죽마고우였는데, 놀랍게도 친구는 교회에서 중직을 맡고 성실히 살아가고 있었다. 우리는 친구의 교회를 함께 다니기 시작했고 남편은 친구의 공장에서 일도 하게 되었다. 월급을 받고 교회도 나가게 된 것이다. 주님의 인도하심에 감사했고 마음이 평안해졌다.

하지만 남편은 서열과 시스템에 매이는 것을 참지 못하는 성미였다. 출근 이튿날부터 불평과 원망을 쏟아내기 시작했다. 적성에 맞지 않는 일에 매여있기 싫은 것이다. 화낼 준비를 하고 집으로 오는 사람 같았다. 영업을 했다면 얼마를 벌었을 텐데 하면서 내 탓을 했다. 하루도 편할 날이 없었다. 다툼이 일어나면 주먹을 휘둘러 문을 망가뜨리고 손에 잡히는 물건을 집어 던지기 일쑤였다. 거친 행동을 아이들이 보니 도저히 견디기 힘들었다. 마음대로 하라고 했더니 다음 날 바로 사표를 냈다. 가장의 책임도 없이 두 달 만에 직장과 함께 교회 울타리를 벗어나 버렸다.

그 후 한동안 다른 일을 찾으며 애쓰는 모습에 위안이 되었다. 그런데 어느 날부턴가 집 근처 골목에 차를 세워놓고 며칠씩 집에 들어오지 않았다. 알고 보니 가까운 카센터의 방 안에서 매일 도박을 하고 있었다. 너무 화가 나고 속이 상했다. 하루 이틀이 아니었다. 잘못된 것을 본인도 알면서 싫은 소리 한마디를 용납하지 않았고 두 마디를 하면 싸움으로 이어졌다.

도박 현장을 경찰에 신고하니 개인 가정사라며 접수조차 안 받았다. 남편은 뭔가에 홀려있는 것 같았고 계속 화가 나 있어서 어떤 말도 할 수 없었다. 다시 온갖 염려가 밀려오고 절망이 되었다. 아이들이 2학년이어서 학원도 보내고 싶고 원하는 것도 사주고 싶은데, 아빠가 저러니 마음을 가눌 길이 없었다. 나는 낮에 근처 식당에서 설거지를 했다. 그런데 어느 날부터 팔이 아프기 시작하더니 점차 감각이 없어지고 나중엔 손목 인대가 늘어났다. 식당 일도

할 수 없게 되어 이래저래 마음이 힘들었다.

기도해도 현실은 달라지지 않고 하나님은 잠잠히 계셨다. 다툼은 계속 이어졌고 '이렇게는 살 수 없지 않은가?'라는 생각이 들었다. 남편은 "살기 싫으면 네가 나가"라는 말을 두고 쓰더니 이제는 "너 때문이야"라는 말이 추가되었다. 술에 취한 채 집에 들어오면 도박으로 돈을 잃은 스트레스를 풀면서 "너 때문에 내가 되는 일이 없다"라고 했다. 예수 믿는 재수 없는 여자를 만나 자기 인생이 꼬였다며 화가 날 때마다 내 탓을 했다. 나는 그런 말을 들을 때마다 너무 비참한 생각이 들고 마음이 무너졌다. 남편의 삶에 대한 태도가 조금도 달라지지 않아 더 이상 버틸 힘이 없어졌다.

어떻게 살아야 하나 고민에 고민을 거듭했지만 이건 아니었다. 이대로 있는 것은 잘못이라는 생각이 들었다. 이렇게는 살아갈 수가 없다. '그래, 내가 미쳤지. 진즉에 나라도 정신을 차렸어야 하는 것이었어!'

결국 이혼하기로 둘이 합의했다. 마음이 힘들고 고민을 많이 했지만 다른 길이 없었다. 결정을 내리고 나니 차라리 홀가분해졌다. 그런데 남편이 아이들을 데려갈 수 없다고 했다. 한참 엄마가 필요한 아이들을 두고 갈 생각을 하니 기가 막혔다. 하지만 부모가 험하게 싸우는 것을 보며 자라는 것보다는 낫겠다는 생각이 들었다. 아이들 가까이 살면서 돌볼 계획을 세워야 했다. 더 나이 들기 전에 돈을 벌어 아이들과 살 수 있는 길을 찾기로 했다. 저 남자에게는 이혼이라는 충격이 필요하다는 생각도 들었다. 이혼을 통해 생각을 바꿔보자는 마음이 있었다.

9살 된 쌍둥이에게 외갓집 전화번호를 외우게 했다. 엄마가 떠나간다는 말에 불안해하는 아이들 모습에 가슴이 미어졌다.

∗
내 뜻대로 안 되는 일들뿐

이혼 준비는 간단하지 않았다. 여러 곳을 다니며 서류를 준비해야 했다. 하루는 외출했다가 돌아오는 길에 동네의원을 들렀다. 신경 쓰고 잠을 못 자 몸살감기가 시작되었기에 주사라도 맞아야 할 것 같았다.

의사가 내 안색을 살피더니 소변검사를 한번 해보자고 했다. 한참 뒤, 의사는 "임신 5개월째입니다. 아무 약이나 먹으면 안 됩니다"라고 말했다.

너무 놀라 가슴이 철렁했다. '아니, 내가 임신했다고? 세상에! 언제 이렇게 된 거야?' 이제 어떻게 해야 하나? 기가 막히고 어처

구니가 없었다. 의사의 뛰어난(!) 감각 덕분에 피해 갈 수 없는 막다른 길을 또 마주하게 되었다. 이리 가도 막히고 저리 가도 막히는 막막한 길. 이게 대체 무슨 일이란 말인가? 난 어떻게 살라고? 가슴 깊은 곳에서 알 수 없는 눈물이 솟구쳐 흘러 2층 계단 위에 선 채 내려오지 못했다. 나는 왜 이렇게 되는 일이 없나?

어떻게 임신 5개월이 되도록 이렇게 멍청하게 모를 수가 있단 말인가? 집에 돌아온 뒤에도 당황스러워 마음이 정리되지 않았다. 잉태된 생명을 기뻐해야 하는데 안갯속 같은 현실에 눈물만 흘러내렸다. 몸이 피곤하고 지쳤을 때 스트레스나 체력 저하로 여기고 임신이라는 생각은 하지 못했다. 뭔지 억울하고 마음이 착잡하고 무기력해졌다. 끝도 없이 펼쳐진 뜨거운 모래사막을 발이 푹푹 빠지며 힘겹게 걷는 느낌이 들었다. 이혼 결정을 내리기까지도 너무 힘들었는데 이제 어떻게 해야 하나?

쌍둥이 임신을 알게 된 시점과 유사하다는 생각이 들었다. 쌍둥이 때도 막다른 골목에서 이혼을 결정하고 헤어진 뒤였다.

아이는 당연히 낳아야 한다. 지금까지 정리하는 과정이 너무 힘들었는데, 왜 다시 이렇게 되는 것일까? 다시 아기가 생긴 현실을 어떻게 해석하고 받아들여야 할지 혼란스러웠다. 어떻게 내린 결정인데…. 아무리 생각해도 살아갈 희망이 보이지 않는다. 다시

가정은 희생할 만한 가치가 있다

살아야 한다는 생각에 눈물이 앞을 가렸다.

다음 날 늦은 밤, 잠자리에 누워 뒤척이고 있는데 전화벨이 울렸다. 한밤중에 병원 응급실에서 걸려온 전화였다. 가족임을 확인하더니 교통사고가 났다며 보호자가 필요하니 빨리 와야 한다고 했다. 남편이 교통사고를 당한 것이었다. 교통사고? 어찌나 밉고 싫은지 몹쓸 생각만 들 뿐 하나도 걱정이 되지 않아 상태를 묻지도 않았다. 이 상황에 교통사고라니, 안 갈 수는 없고 억지로 자리에서 일어났다.

늦은 밤 지하철에 올랐다. 밤중에 병원을 찾아가는 내내 마음이 착잡했다. 텅 비다시피 해 조용한 객차 안, 눈을 감고 잠시 생각에 잠겼는데 갑자기 회리 바람처럼 한 생각이 스쳤다. 이혼 결정, 임신, 교통사고. 각기 다른 단어들이 갑자기 전광석화처럼 하나로 모아졌다. 이것들은 함께 연결된 단어이고 사건이었다. 순간, 하나님께서 이혼 계획을 이렇게 막으시는구나 하는 생각이 번뜩 들었다. 이혼을 원치 않고 막으시는 주님이 내 의지를 이렇게 꺾으신다고 느껴졌다.

'아, 역시 그랬구나!' 이번에도 난 단단히 마음먹고 이혼을 결정했다. 그러나 하나님은 내가 배 속에 아기를 가진 채 이혼하지 못할 것을 아셨다. 갑자기 주체할 수 없이 눈물이 흘러내렸다. 다시 살아야 한다니! 하나님이 몰고 가시는 이 상황에 항거할 수 없는 마음이 되었다. 내 계획은 다시 무참히 산산조각이 났다.

병원에 도착하니 남편은 한쪽 눈가가 깊이 찢어져 응급조치를 받았을 뿐 정신이 말짱했다. 이혼을 결정한 뒤 집값이 싼 동네로 이사하려고 친구가 사는 동네를 찾아갔다고 한다. 그날 밤 친구와 술을 마시고 취한 상태에서 버스를 타려다 차에 부딪힌 것이었다.

병원과 집을 바쁘게 오가며 상황에 대처하느라 여러 날이 흘러갔다. 별 대화를 나누지는 않았지만 하나님이 주신 마음이 있다 보니 며칠 전 극한 대립 상태가 희미해졌다. 얼굴도 쳐다보기 싫고 살아갈 여망도 안 보이는데 하나님의 눈동자는 내 앞에 있는 것만 같았다.

이혼을 허락하지 않으시는 하나님이 셋째가 필요하다고 여기셨기에 허락하셨을 것이다. 몇 달 동안 모르다 이때 발견한 뜻이 있다는 생각이 들었다. 억지로라도 태도를 바꾸고 마음을 추슬러야 했다. 마음이 굴복되지 않아 병실 밖 의자에 앉아 주님 이름만 연거푸 불렀다. 낮아져야 한다는 것은 알고 있는데 마음이 잘 수그러지지 않았다. 내 감정과 생각 대로가 아닌 순종의 태도를 요구하시는 것을 알았다. 하지만 또 싸우며 살아가야 할 생각에 마음이 서럽고 절망적으로 되었다. 마음은 아직 준비되지 않았다. 도대체

가정은 희생할 만한 가치가 있다

어떻게 살라고 하시는 걸까?

퇴원하고 집에 돌아와 남편에게 임신 소식을 알렸다. 하나님이 다시 아기를 주셔서 이혼을 막으셨다고 믿음의 말로 설명했다.

임신 중에도 남편은 집에 들어오지 않는 날이 많아 밤을 지새우기도 하며 힘들었다. 이러지도 저러지도 못하는 고단한 마음을 안고 기도할 수밖에 없었다. 이후로도 남편이 달라질 기미를 보이면 혹시나 하며 기대했다가 다시 낙심하기를 거듭했다. 기도는 응답되지 못하고 절망스런 시간이 계속되었다. 사람이 예수님을 인격적으로 만나지 않고는 변할 수 없다는 것을 당시엔 알지 못했다.

남편과 감정의 골은 깊었지만 아이들 곁을 지키고 싶은 마음이 컸다. 여전히 나를 인격적으로 대하지 않는 태도 앞에서 단순해지자고 스스로 자신을 독려했다. 어느 날, 내가 예수 믿는 자인데 이혼해 버리면 안 믿는 사람과 뭐가 다르겠나 하는 기특한 생각이 들기도 했다. 이는 가정을 지키고 싶은 열망이기도 했다.

가정이 깨어지길 바라는 사람은 아무도 없을 것이다. 나 또한 건강한 가정을 유지하며 잘 살아가기를 바랐다. 하지만 날마다 살아가는 게 왜 그리 어려운지. 매일 매일 거듭되는 고통의 무게는 줄어들지 않았다. 하지만 하나님의 눈동자를 의식하며 살려고 했다. 신앙을 가진 자라는 의식이 있고 가정을 지켜야 한다는 당위성도 분명해 스스로 격려하며 이겨나갔다.

가정은 희생할 만한 가치가 있다

3. 극단적인 생각

장롱 위의 돈 가방

남편은 정시에 출퇴근하는 회사에 다니지 못했다. 규칙에 따라 움직이는 것을 자유를 침해당한다고 여겨 견디지 못하는 것이었다. 어디에 매이지 않고 자유롭게 살고 싶어 어디에도 소속되지 않는 개인영업이 제격이었다.

1990년대 중반, 인터넷 시대가 되면서 정부에서 이에 맞는 많은 자격증을 제도화했다. 자격증 붐에 따라 남편이 돈을 좀 벌었던 적이 있었다.

영업이 잘되어 종로에 사무실도 얻었다. 어느 날 보니 두어 뼘 되는 손가방 안에 돈다발이 가득 들어있었다. 가방은 돈이 다 들어가지 않아 지퍼가 채워지지 못한 채 장롱 위 구석에 올려놓았다. 술기운에도 높이 올려놓은 것은 나더러 손대지 말라는 신호였다. 아침에 나갈 땐 이리저리 확인한 뒤에 그대로 들고 나갔다. 한동안 매일 저녁마다 가방에 돈을 가득 채워 들어왔다.

그런데 번 돈을 내게 맡기지 않았고 생활비도 넉넉히 주지 않았다. 없을 때는 없어서 생활비를 안 주었는데, 이제 수입이 많아져 기쁘게 맡길 줄 알았는데 그러지 않았다. 다 맡기지는 않더라도 생활비는 좀 넉넉히 주었으면 좋겠는데 매번 그냥 들고 나갔다. 계속 그러는 태도에 화가 나고 억장이 무너졌다. 어떤 말도 할 수 없고 기도만 할 뿐이었다.

돈을 버니 위세가 하늘을 찌르는 듯했다. 어느 날부턴가 무시하는 정도가 지나쳐 안하무인격으로 행동했다. 나는 그 태도에 감히 대응할 어떤 힘이 없고 무기력했다. 위협적인 태도 앞에서 말을 하거나 감정을 표현할 수 없었다. 어떤 봉변을 당할지 몰라 억지로 참아야 했다. 큰애들이 사춘기라 큰소리 내지 않으려고 싱크대 앞에서 훌쩍거리거나 냄비를 들었다 놨다 하며 혼자 씩씩거렸다. 눈물을 참을 수 없을 때는 차 안에 들어가 마음이 가라앉을 때까지 시간을 보내기도 했다.

남편은 언제나 "너보다 직원들이 더 중요해"라고 말했고 영업 직원들 위주로 생각했다. 집에서 사야 할 물품목록을 설명해야 할 때면 너무도 자존심이 상했다. 돈을 벌면 함께 계획을 세우며 의논해야 하는데, 날 무시하고 살았다. 더 필요하면 벌어서 쓰라는 빈정거리는 태도에 상처를 받았다. 그를 이해하기 힘들었다.

많은 돈을 어디에 쓰는지 알 수 없어 고심한 끝에, 기분이 좋을 때 집을 사자고 말해보았다. 이제 아이들이 사춘기가 되었다며 솔깃하게 말을 꺼낸 것이다. 좋게 생각하는 것 같아 매물을 알아보았고 얼마 후 내가 생각한 것보다 훨씬 크고 맘에 드는 단독주택을 사게 되었다.

이사할 날을 잡아놓고 몇 번이나 마음으로 그림을 그렸다. 담벼락에는 과실나무를 심어보기로 했고, 대문 칠이 벗겨졌으니 파란색으로 깨끗하게 페인트칠을 하고 옆에 장미꽃을 심어 울타리를 만들겠다는 생각도 해두었다. 잔디가 있는 가장자리에 대추나무도 있고 단감나무도 있는 장면을 생각하면 정감 어린 마음이 되어 내게도 이런 날이 오는구나 하고 가슴이 설렜다.

그동안 곰팡이가 심한 지하 월세방과 마을버스도 안 들어가는 달동네 셋방을 전전했고, 이번이 15년 동안 8번째의 이사였다.

✴

전화기를 부수듯

정원이 있는 근사한 집을 산 기쁨은 오래가지 못했다. 집들이 하는 날을 잡은 후 남편은 커튼이며 소파를 장만하는 일에 이상하게 신경을 썼다. 집들이 날, 핵심 손님은 남편 사무실에 함께 있는 사람들이었다. 한 여자가 바삐 움직이는 나를 유난히 쳐다본다고 느꼈다. 그땐 사무실에서 함께 있는 사람이라고 가볍게 생각했다.

그런데 바로 이날, 남편이 그 여자와 내연의 관계라는 것을 알게 되었다. 너무 놀랍고 충격적이었다. 나중에 보니, 그 여자는 일부러 집들이하는 날 자신들의 관계를 노출하려고 계획을 세웠다. 의도적으로 관계를 드러내어 집안을 뒤집어 놓으려 한 것이다. 남편이 집들이를 준비하며 신경 썼던 이유와 그동안 나를 형편없이 대한 이유가 거기에 있었다.

그 여자의 등장으로 우리 집은 다시 산산조각이 나는 듯했다. 관계가 드러나자 그때부터 그들은 노골적으로 만났다. 의도적으로 나를 자극했고 그로 인해 우리는 싸움이 끊이지 않았다. 남편이 어쩌다 일찍 집에 들어오거나 주말에 집에 있는 시간이 길어지면 그 여자는 어김없이 전화했다. 나나 아이들이 전화를 받으면 끓어버리기를 거듭했다. 당신 전화라고 말하면 전화기를 통째로 집어 던지는 등 아이들 앞에서 폭력적인 모습을 감추지 않았다. 당시 처음 나온 무선 전화기 2대가 부서졌다. 아빠로서 일말의 양심도 없는 모습을 보였다.

두 사람은 전화기를 부수듯 우리 가정을 부숴버리기로 작정한 사람들 같았다. 의도적으로 집안의 뿌리를 흔들며 내가 이혼해 주

가정은 희생할 만한 가치가 있다

기를 바라고 있었다. 그 여자는 아들이 하나 있는 이혼녀였다. 남편을 자기편으로 만들었다고 여기고 나를 무례하게 대하며 밀쳐내려고 거침없는 말로 자극했다. 남편은 나를 일하는 사람 내지는 투명인간 취급했고 아이들과 집안일에 관심이 없었다. 말이나 행동에서 전혀 내 눈치를 살피지 않았다. 바람을 피우면서도 당당한 태도가 나를 더욱 움츠러들게 했다. 시간이 흘러가면서 나는 지옥문 앞에서 버둥거리며 꺼이꺼이 울다 지쳐 세포까지 말라가는 느낌이 들었다.

그렇게 2년여의 세월이 흐르면서 나는 서서히 죽어갔다. 어느 날 꿈속에 그 여자가 임신했다고 말하며 자신의 배를 내미는데 내 손이 바들바들 떨렸다. 실제 그런 일이 일어나면 어떻게 해야 하나? 하루도 편할 날이 없고 극도의 불안과 두려움의 연속이었다. 어떻게든 관계를 개선하고 싶어서 자존심을 죽이고 마음을 낮추어 남편에게 말을 걸어보기도 했다. 그럴 때면 기다렸다는 듯 심한 말로 상처 입은 내 심장을 다시 후벼 팠다. 내 마음은 땅끝으로 곤두박질쳤다.

∗

쓸모없는 존재

하나님이 왜 가만히 계시는지, 왜 내가 거듭거듭 이런 고통을 당해야 하는지 알 수 없었다. 살아내기 너무 힘들다고, 아이들 두고 이혼하는 것이 하나님 뜻이냐고 울부짖었다.

　남편은 뭐가 그리 당당한지 매사에 큰소리를 쳤다. 방바닥에 보이는 대로 발로 뻥뻥 차고 문도 걷어찼다. 여자가 생겼다는 사실보다 더 힘든 것은 남편의 태도였다. 마음이 우울해지고 억울한 생각으로 가득 찼다. 마치 큰 바위가 가슴을 누르는 듯했다. 나는 세상에서 불필요하고 거추장스러운 존재라는 생각이 들었다. 시간이 흐르면서 쓸모없는 존재라는 생각이 누적되고 거듭되었다. 이렇게 살아서 뭐하나….

　시간이 흘러도 정리될 것 같지 않은 상황에 내가 어떤 모양으로든 사라져야겠다는 생각이 들었다. 하나님은 대체 왜 숨어계시는지, 내가 무엇을 어떻게 하기를 원하시는지 알 수 없고 마음이 너무 힘들었다. 이대로 그냥 죽고 싶었다. 가라앉아 있던 여러 감정이 수면 아래에서 올라와 내 부정적 정서를 부채질했다. 내 마음은 여리고 작아지더니 미물처럼 되어버렸다. 마당에 이리저리 뒹구는 나뭇잎을 멍하니 바라볼 뿐 뭘 먹어야 한다는 것도 인지하지 못했다. 다시 정신을 가다듬어 보지만 또다시 무기력해지고 생각은 자꾸 극단으로 흘렀다. 아무리 생각해도 내가 필요한 곳이 없었다. 나는 더럽고 냄새나는 시궁창에 내던져진 듯했다.

자포자기한 심정이 되었다. 무언가에 짓밟히고 팽개쳐진 것 같은 상황에서 마음이 걷잡을 수 없이 힘들어졌다. 이렇게는, 이대로는 도저히 살아갈 수 없었다. 고통스럽고 피폐한 상황이 오래되다 보니 나중에는 기도도 안 되었다. 이런 상황에서 어떻게 살라고 하시는지 하나님이 안 보이고 내 힘이 되어줄 만한 것이 아무것도 없었다. 난 어디에도 쓸모없는 존재였다. 죽어야겠다는 생각이 깊어졌다.

억울한 내용을 담아 유서를 쓰기로 했다. 다른 아무런 생각이 없어지고 어떻게 죽음을 실행에 옮길까 하는 것만 머리에 남았다. 정신 줄을 놓은 채 망각의 시간이 흘러갔다. 오늘? 내일? 시기를 생각하며 밤에 잠도 거의 못 자고 음식을 챙겨 먹는 것도 무의미해졌다. 날짜나 요일에 대한 의식도 없어졌다. 아무도 없는 낮에 실행하기로 하고 매일 주방과 집안 곳곳을 깨끗이 청소해 놓았다.

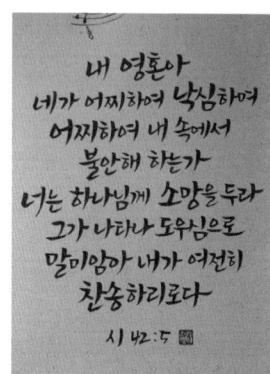

드디어 실행에 옮길 날이 왔다. 이런저런 이유로 미루어오던 일을 행하기에 좋은 날이었다. 화장실에 들어가 문을 잠그고 실행하면 될 것 같다. 어려운 일을 앞에 두니 자포자기 심정이지만 생각은 단순해졌다. 다른 아무런 생각이 안 나고 느긋해졌다. 이제 곧 잠깐이면 망각의 시간으로 들어갈 것 같았다.

가정은 희생할 만한 가치가 있다

4. 터닝 포인트

*

잊었던 약속

딩동!

그때, 현관에서 초인종이 울렸다. '이른 아침 시간에 누구지? 올 사람이 없는데….' 고개를 갸웃거리며 현관문을 열고 대문 쪽을 쳐다보았다. 김애임 권사님이 보였다. 권사님 얼굴을 보니 큐티 모임에 가기로 했던 약속이 생각났다. '아, 오늘이었구나.' 순간 방해 받았다는 생각이 들어 반갑지 않았다. 동시에 이 일을 막으시는가 하는 생각이 겹쳐 기분이 묘했다. 말없이 권사님을 따라나설 수밖에 없었다.

이사하고 그동안 집 근처의 작은 교회를 다녔다. 아는 사람이 없고 해서 예배가 끝나면 밥도 안 먹고 곧바로 집으로 돌아오곤 했다. 어느 주일, 한 분이 가까이 다가와 내 표정을 살피며 친절히 대해주었다. 권사인 그분은 매주 관심을 보였지만 아무 말도 하기 싫었다. 누구에게 쉽게 마음의 문을 열지 못했고 질문을 해도 응답할 필요를 느끼지 못했다.

어느 날, 권사님이 "많이 힘들어 보여요"라고 한마디를 하는 순간, 갑자기 눈물이 주르르 흘러내렸다. 내 눈물에서 위기를 읽어낸 권사님이 며칠 뒤 집에 찾아왔고 주중에 꼭 한 군데 같이 갈 곳이 있다고 했다. 건성으로 약속하고는 잊어버렸다. 그날이 공교롭게 바로 오늘이었다.

∗
큐티 모임

권사님은 가면서 좋은 얘기를 해주었지만 아무런 말도 들리지 않았다. 특별한 친절을 베풀기에 한번 따라가 보는 것이었다. 권사님을 따라간 곳은 강남 반포동에 있는 남서울교회의 큐티 모임이었다. 큰 교회에 수백 명이 모여있었다. 모두 행복해 보였고 나처럼 힘든 사람은 없는 것 같았다. 다들 웃음소리도 크고 말소리도 힘있게 들렸다. 아무 의욕이 없이 멍하니 앉아 기도 시간에 울기만 했다. 나만 꺾인 나뭇가지 같고 뽑혀 시든 풀 같았다. 그런데 모임이 끝난 후 왠지 다음에 한 번 더 와봐야겠다는 생각이 들었다.

그렇게 극적인 시간이 넘어갔다. 권사님은 나를 가만두지 않았다. 다음 주, 그다음 주에도 계속 큐티 모임에 데리고 갔다. 모임이 끝나면 맛있는 점심을 사주며 각별히 보살펴 주었다. 반복적으로 말씀을 듣다 보니 어느 날, 말씀이 귀에 들어오기 시작했다. 점차 큐티 모임이 기다려졌다. 권사님이 못 가는 날엔 혼자 갔다. 말씀을 듣고 기도하고 오면 살 것 같았다. 그러나 좋은 메시지를 들어도 현실은 바뀌지 않았다.

∗
낮추고 주리고 목마르게

큐티 모임에 가니 강대상 옆 의자에 예쁘고 우아하게 보이는 여자 강사 한 분이 앉아있었다. 이분이 바로 나를 삶의 수렁에서 헤쳐나오게 한 우리들교회 설립자 김양재 목사님이다.

강사가 자신의 고난을 솔직하게 오픈하는 것에 큰 위로가 되었다. 사람들이 살아가면서 직면하게 되는 가정의 힘든 문제들을 말씀으로 풀어 설명해 주었다. 남편과 자녀와 돈 문제, 시댁의 문제 등 삶 속에서 당면한 주제들이었다. 그것들을 성경 말씀으로 적용하는 원리를 들었을 때 마음에 깊이 와닿았다.

그리스도인이 살아가면서 보통 가정 안에서 벌어지는 일들을 다루어 주었다. 상처받고 아팠던 일에 어떻게 하나님의 말씀을 적용해 살아갈 수 있는지 가르쳤다. 말씀에 비추어 사건을 어떻게 해석하고 적용하는지에 대한 구체적인 지침이었다.

보통 교회 설교에서 들을 수 없는 주옥같은 내용이었다. 매주 목사님 자신의 적용과 다른 사람들이 말하는 사례를 들으며 크게 감동이 되었다. 간증과 편지를 통해 자신의 어려운 사연을 솔직하게 나누는 것을 보고 놀랐다. 하나님께서 나를 불쌍히 여겨 여기로 안내해 주셨다는 생각이 들었다.

나는 교회를 다녔어도 깊은 교제를 나누는 친구가 없이 형식적인 신앙에 갇혀 살았다. 사람에게 관심이 없고 사람들과 교제가 없어 다른 사람의 삶을 들여다볼 기회를 얻지 못했다. 나 혼자만 힘들다고 생각했다. 그리스도인도 많은 고난 가운데 있는 것을 알았다. 나는 땅끝 어두운 지옥문 앞까지 갔다가 큐티 강의를 들으면서 조금씩 헤엄쳐 나올 수 있었다. 말씀은 내 심령을 찔렀고 들을 때마다 부족한 모습을 보게 되니 하염없이 눈물이 났다. 감당이 안 되는 남편은 나를 거룩한 백성으로 준비되도록 다듬는 도구임을 알게 되었다. 내 가치관이 바뀌어야 하고 말씀을 따라 사는 것이 필요함을 깨달았다.

큐티 책의 여백에 깨알같이 메모하고 집에 와서 다시 묵상했다. 차츰 삶의 의미를 찾아갔다. 내가 바로 성경에서 말하는 완고한 이스라엘 백성이요, 깨닫지 못한 무지한 자임을 알게 되었다. 무엇보다 궁금한 점이 있었다. 도무지 나처럼 살아가기 힘든 상황에서 이혼하면 하나님이 뭐라 하실까 하는 점이었다. 그런데 하나님이 나의 이혼을 기뻐하지 않으신다는 것을 알게 되었다. "하나님이 짝지어 준 것을 사람이 나누지 못한다"(막 10:9)라는 말씀이 있다는 것도 알았다. 목사님은 "가정은 소중한 곳이며 결혼 약속은 지켜져야 하고 이혼은 안 된다"라며 호적을 더럽히지 말라고 외쳤다. 고난은 하나님을 만날 기회라는 것이다. 인생의 목적은 행복보다 거룩을 추구하는 것이어야 한다는 얘기도 들었다. 강사의 가르침은 고갈되어 굶주리고 메말라 있던 내 영혼에 생수를 공급했고 영을 새롭게 하는 양식이 되었다.

어느 날 내 그릇된 가치관과 정체성을 박살 낸 말씀이 신명기 8장 2절~3절이다.

> "네 하나님 여호와께서 이 사십 년 동안에 네게 광야 길을 걷게 하신 것을 기억하라 … 너를 낮추시며 너를 주리게 하시며 또 너도 알지 못하며 네 조상들도 알지 못하던 만나를 네게 먹이신 것은 사람이 떡으로만 사는 것이 아니요 여호와의 입에서 나오는 모든 말씀으로 사는 줄을 네가 알게 하려 하심이니라"

하나님 나라는 거룩하게 준비되어야 들어가는 나라인데, 나는 준비되지 못한 자였다. 교회는 다녀도 성경을 읽지 않고 말씀 중심의 삶을 살지 못했다. 그동안 나를 낮추고 주리고 목마르게 한 환경은 하나님을 새롭게 만나는 기회가 되었다. 그간 내게 광야의 과정이 필요했던 이유를 깨달았다. 하나님은 고통하는 내 마음을 아셨고 죽음의 문턱까지 간 상황을 보고 계셨다. 내 심령 가운데 정확한 말씀이 주어지자 깊이 회개가 되었고 진심 어린 감사의 고백을 드리게 되었다.

큐티 모임에 나간 지 몇 달 되었을 때, 남편에게 편지 2장을 썼다. 이혼을 바라면서 집에 들어와 잠만 자고 나가는 그에게 내 각오와 결단을 알리기 위해서였다. '당신이 아무리 그러해도 나는 아이들의 엄마로 내 자리에 있을 것이다. 당신은 반드시 돌아올 것이며 그렇게 되도록 하나님이 도와주실 것이다.' 확신에 찬 글을 적어 남편 양복의 안 주머니에 넣었다. 여러 날이 지나 편지가 자동차 조수석 문에 꽂혀있는 것을 보았다. 그 여자에게 보여준 것 같아 기분이 나빴지만 오히려 잘됐다는 생각이 들었다. 아내로서 믿음을 갖고 쓴 편지이기에 담대해졌다.

그러나 변하지 않는 환경에서 견디며 감정을 절제하는 것에 한계가 있었다. 내 힘으로 되는 게 아니었다. 지옥 같은 상황에서 매일 기도하고 말씀을 붙들고 마음을 추스르며 나아갔다.

5. 희생할 만한 가치

하나님이 주신 문장

자살 시도 이후 말씀으로 회복하고 나니 뭔지 모를 용기가 생겼다. 어느 날, 시편 16편을 묵상할 때 마음에서 뜨거운 감동이 일어났다.

"내게 줄로 재어준 구역은 아름다움에 있음이여 나의 기업이 실로 아름답도다"(시 16:6)

하나님께서 내게 가정이라는 구역을 줄로 재고 울타리로 둘러 구별해 주셨다는 것을 깨달았다. 가정은 하나님이 주권적으로 다스리고자 마음을 두고 바라보고 계시는 곳이었다. 믿음으로 가족을 섬기고 인내로 구원을 이루어갈 보금자리요, 축복의 통로요, 영혼의 생수가 공급되는 소중한 공동체였다. 내가 진정 복된 자리에 있음을 깨닫게 된 것이다. 지금은 구원을 이루어 가는 과정에서 힘든 광야 길에 여러 추한 모습이 있는 것도 사실이다. 하지만 이 여정을 통해 결국 가정은 아름다운 하나님의 기업이 될 것이라는 깨달음이었다. 가정이 이토록 소중한 구원의 공동체라는 것을 깨달으면서 말씀의 교훈은 나에게 교과서와 같은 지침이 되었다.

하루하루 힘든 가운데에서도 가정에 대한 깨달음은 마음속 깊은 곳에서 기쁨이 샘솟게 했다. 하루에도 수없이 요동하는 내면을 다스려 가는 힘이 되었다. 그동안 긴 시간 혼자 외로웠고 마음 둘 곳이 없었다. 하나님에 대한 신뢰가 생기니 이제 혼자라는 생각이 들지 않았다. 말씀에 비추어 보니 하나님이 내게 구별해 주신 구역은 소중한 아내의 자리요, 고귀한 엄마의 자리였다. '그 여자'가 아무리 넘봐도 이 자리는 하나님이 내게 허락하신 견고한 요새였다. 구별되고 선하고 아름다운 자리를 내가 인내하고 굳게 서 있으면 누구도 빼앗아 갈 수 없었다. 강제로 날 끌어낼 수 없으니 불안해할 필요가 없는 것이다.

내 역할을 하며 참고 인내하면 가정의 울타리가 지켜진다는 깨달음에 감사와 감격의 눈물이 흘러내렸다. 고통과 서러움을 견디고 있는 자신이 기특하게 여겨졌다. 아내의 자리, 엄마의 자리에 대한 깨달음은 영혼을 회복시키는 양약이 되었다. 하나님께서는 고통스러운 사건을 통해 가정의 가치를 온몸으로 알아가게 하셨다.

말씀을 묵상하며 인내하고 가는 동안 마음속에 한 문장이 떠올

가정은 희생할 만한 가치가 있다

랐다. '가정은 내가 희생할 만한 가치가 있다!' 그렇다. 가정은 내가 희생을 해서라도 지킬만한 가치가 있는 것이다. 이렇게 하나님은 내게 가정의 소중함을 발견하게 하셨다. 마음속에서 각오가 생겼다. '가정을 지키기 위해 희생이 필요하다면 자존심 같은 건 버릴 수 있어야지. 가정을 위한 희생이 내 아이들을 위하는 길 아닌가? 가정이 지켜지기만 한다면 나 하나쯤 인정 못 받고 권리를 누리지 못한들 어떤가. 하나님은 내게 가정을 지키길 원하셨어. 바로 이거야! 내게 이 결단이 필요한 거야.'

이 한 문장을 생각해 내고 얼마나 눈물이 나던지, 길을 걷다가도 생각만 하면 눈물이 났다. '그렇구나! 가정은 내가 대가를 치를 만한 가치 있고 소중한 곳이구나!.' 하나님이 내 마음속에 넣어주신 이 짧은 한 줄의 문장이 진정 소중하게 여겨졌다. 벅찬 가슴이 큰 풍선처럼 부풀어 올랐다.

가정의 가치를 발견한 뒤로 담대함이 생겨 내 고생은 아무래도 괜찮고 하나님만 아시면 된다고 생각했다. '가정을 위한 희생!' 짧은 한 문장의 감동은 앞으로 어떤 상황도 이겨낼 수 있을 것 같았다. 죽음의 나락까지 떨어지면서 발견한 참으로 보석 같은 진리였다.

우리 가정은 세 아이를 말씀으로 양육하고 세상의 풍조로부터 방패막이가 되도록 믿음의 계보가 이어져야 하는 장소였다. 내가 인정받지 못해도 가정을 지켜야 하는 이유가 바로 여기에 있었다. 아이들에게 혹시라도 음란의 영이 대물림되지 않고 끊어지도록 가정의 제물이 되겠다는 각오를 다졌다.

*

하나님이 하신 일

그 무렵 은행에서 대출금이 밀려있다는 통보가 날아왔다. 계속 승승장구할 것 같았던 남편의 일이 잘 안되는 모양이었다. 궁금해서 물으면 거칠게 반응하며 설명하려 하지 않았다. 시간이 흐르자 집을 가압류하겠다는 우편물이 거듭 날아들었다. 그의 계획을 알 수가 없으니 등 뒤에 대고 집이 잘못되기 전에 팔아야 한다고 말하곤 했다.

나중에 알고 보니 그 여자의 언니와 동업한 게 문제였다. 사업 유지를 위해 남편 명의로 대출받았고, 사업이 어려워지자 남편이 수천만 원의 채무를 떠안게 된 것이다. 집을 팔아서 해결해야 하는데 미적거리고 있었다. 하지만 다른 방법이 없었다. 결국 집을 팔게 되었다.

매매를 진행하는 동안 몇 년째 이어온 그 여자와의 관계가 정리된 것을 나중에 알았다. 할렐루야! 하나님이 하신 일이다!

집을 팔고 전세를 얻어야 할 형편인데 남편은 큰소리치며 대출받아 다시 집을 샀다. 이번에는 다세대 주택으로 이사를 했다.

그런데 얼마 뒤, IMF 사태가 터졌다. 많은 가정이 경제적인 어려움에 처했고 기업과 은행까지도 도산한다는 암울한 뉴스가 연일 보도되었다. 우리 가정에도 치명적이었다. 어느 날 남편이 차를 두고 외출했기에 살펴보니 자동차 번호판이 없었다. 자동차세를 못 내 압류당한 것이었다. 고래 싸움에 새우 등 터진다고 우리 집도 수입의 길이 막혔다. 시간이 길어지면서 대출 상환은 대책 없이 밀리게 되었고 독촉장에 이어 압류하겠다는 우편물이 다시 쌓여갔다. 집 전화가 끊어졌는데 방법이 없었다.

일할 곳이 없고 땅끝으로 떨어진 가정형편 가운데 하루하루 버텨야 했다. 집은 매매도 임대도 되지 않았고 기본금마저 날아갈 판국이었다. 급히 집을 팔고자 해도 매매가 이루어지지 않았다. 다시 경매의 위기에 처했다. 팔리든 경매든 우리에게 유익하게 하실 것을 기대하며 기도할 뿐이었다. 집이 경매되어 몸만 나가게 되면 경기도 외곽으로 가서 비닐하우스를 짓고 살 것도 생각했다. 집이 팔리거나 경매되거나 우리 가정에 유익한 방향으로 인도하시도록 기도했다. 기도하고 나면 이상하리만큼 마음이 평안해져 어떤 방향이든 인도하실 것으로 믿어졌다.

대출금이 16개월이나 밀려있는 어느 날, 기적처럼 집이 팔렸다. 정말 기적이었다! 빚과 밀린 세금을 처리할 수 있어서 감사했다. 다시 월세살이가 시작되었다.

큐티 모임에서 새롭게 만난 하나님의 은혜로 마음속에 기쁨이 일었다. 남편의 외도와 극한적인 가정경제의 길고 어두웠던 터널은 광야 길의 여정에서 내가 경험하고 극복해야 할 일이었다는 깨달음이 왔다. 이 경험이 유용하게 사용될 날이 있을까?

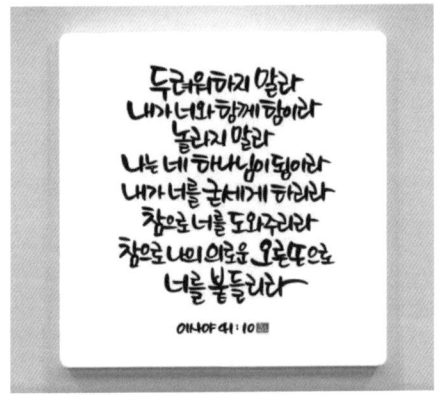

6. 천생연분

*

눈 쌓인 고속도로

쌍둥이가 대학에 가야 할 나이가 되었다. 목돈이 필요한데 밖으로만 도는 남편의 생활 방식은 여전했다. 보증금도 없는 월세방을 얻어 사는데 도박에 빠져 헤어나질 못하고 있었다. 어떤 일도 계획할 수 없고 앞길이 막막했다. 어떻게 해야 할지 계속되는 걱정에 마음이 힘들어졌다.

우리 집은 여전히 '가장 부재중'이었다. 내가 일을 나가면 그나마 가장의 책임을 벗어버릴까 봐 힘들어도 견뎠다. 가족의 생계를 영영 돌보지 않는 기회를 줄 것 같았다. 낮에 몰래 간간이 일을 했지만 아주 적은 금액이었다.

남편은 좀처럼 달라지지 않았다. 정신 못 차리는 그를 보면 숨이 턱 밑까지 차올랐다. 말씀의 능력은 어느덧 내게서 사라져 버렸다. 암담하고 절망적인 상황 가운데 아이들은 중요한 시기라 부모 역할이 필요한데 가장의 긴 부재는 날 고통스럽게 했다. 내 젊은 날이 의미 없이 다 지나가 버리는 것 같았다. 무작정 견디며 가만히 있는 내가 뭔가 잘못하고 있다는 생각이 들었다. 이대로는 안 된다는 생각이 다시 들었다.

2003년, 두 아이가 각각 지방에 있는 대학으로 가게 되었다. 특수 목적고를 다닌 둘째는 3학년 때 취업해 대학 등록금을 벌었다. 며칠 전 학교 기숙사에 데려다주고 돌아왔다.

오늘은 큰애를 강원도에 있는 국립대학에 데려다주는 날이다. 그 대학에 있는 한 선교단체를 수소문해서 학교 기숙사가 아니라 선교단체 회원이 함께 있는 숙소에 들어가게 되었다. 숙소 입주를 위한 오리엔테이션을 받으러 우리 부부는 큰애를 차에 태우고 강릉으로 출발했다. 자동차에 이불과 간단한 용품을 실었다. 공부도 잘하는 아이들인데, 입시 준비를 위해 어떤 도움도 주지 못한 게 미안해 가는 내내 마음이 무거웠다.

한편으로 마음을 단단히 먹었다. 아이들을 보내고 별거를 단행하려고 계획했기 때문이었다. 이를 위해 아침 금식을 한 달째 이어가고 있었다. 오늘 큰애를 데려다주고 나면 내일은 실천에 옮길 수 있게 준비를 해왔다. 막내도 많이 컸으니 아빠가 돌볼 수 있을 것이었다. 나는 돈을 벌기 위해 집을 떠나 있기로 했다.

큰애를 차에 태우고 가는 동안 거의 대화를 하지 않았다. 내일이면 기다리던 속 시원한 일이 생길 수 있어서 오늘만 잘 참자는 마음이었다. 서울을 벗어나 고속도로에 들어서고 보니 눈이 내리고 있었다. 강원도 쪽으로 갈수록 눈이 더 많이 내렸고 도로에 눈이 쌓이고 있었다. 지금처럼 새로 난 도로가 아니라 구불구불한 대관령 옛길은 커브 길에 급경사가 많은 위험한 산간 도로였다.

저녁 무렵 큰애를 숙소에 내려주고 바로 집을 향해 출발했다. 저녁 먹고 하루 자고 올 수도 있었지만, 남편과 그런 시간을 만들고 싶지 않았다. 그이는 한마디 할 만도 한데 자신이 해온 행동을 인정이라도 하듯 아무런 말이 없었다.

∗
사면초가의 공포

자동차 바퀴에 체인을 걸고 커브 길을 들어섰는데 그사이 도로에 생각보다 많은 눈이 쌓여있어 놀랐다. 제설차가 눈을 치우고 트럭에서 염화칼슘도 뿌리고 있었다. 펑펑 내리는 눈 때문인지 오가는 차가 없었다. 어두운 밤이고 익숙하지 않은 커브 길인 데다 쌓인 눈 때문에 속도를 내지 못하고 천천히 나아갔다.

도로는 미끄러웠고 가로등도 없었다. 우리는 위험을 느꼈고 서로 아무 말도 하지 않았다. 비탈길을 초긴장 상태로 기다시피 힘겹게 서행하며 내려갔다. 앞이 보이지 않을 정도로 펑펑 내리는 눈은 물기를 잔뜩 머금어 마치 비와 흡사했다. 진땀을 흘리며 가까스로 산길을 내려와 고속도로에 들어섰다.

그때, 갑자기 눈을 밀어내던 윈도 브러쉬가 멈췄다. 무거운 눈을 밀어내기가 버거웠는지 작동이 안 되는 것이다. 계기판에서는 알 수 없는 불빛 몇 개가 깜박거렸다. 차를 세우고 살펴보니 바퀴에 끼운 체인의 쇠고리 하나가 끊어져 있었다. 쇠고리가 나풀거리다가 계기판으로 연결된 전기선들을 끊어버린 것이다. 깜박거리는 몇 개의 불빛들이 무슨 고장을 알리는 신호인지 알 수 없어 너무 불안했다. 하지만 이대로 서 있을 수도, 되돌아 산 비탈길을 올라갈 수도 없었다. 어쨌든 앞으로 나아가야 했다. 휴게소가 어디 있는지 알 수 없었다.

내가 운전석에 앉아 최저 속도로 운전하고 남편은 걸어가며 손으로 한 번씩 눈을 쓸어내렸다. 차창 밖으로 어디를 바라봐도 눈에 덮여 온통 뿌옇게만 보였다. 가로등이 없으니 도로 가장자리가 어딘지 구분할 수 없는 게 가장 두려웠다. 도로는 길가에 가드레일이 없었고 어디가 낭떠러지인지 알아보기 어려웠다. 가장자리가 어슴푸레하게만 보였다. 눈이 덮여 중앙 분리선도 구분할 수 없고 우리 차는 마치 바다에 뜬 배 같았다. 희뿌옇게 망망대해 같은 도로 위

가정은 희생할 만한 가치가 있다

에서 계속 갓길을 확인하며 가야 했다. 앞유리에 쌓이는 눈을 쓸어내고 갓길을 일일이 확인하며 가는데, 이대로 차가 멈춰 서버리기라도 하면 어쩌나 하는 불안이 엄습했다.

주변에 아무도 없고 어디에 도움을 요청할 수도 없는 이런 위험한 상황을 맞닥뜨리게 될 줄 전혀 생각지 못했다. 뿌옇게 끝이 안 보이는 도로 위로 비인지 눈인지 가늠이 안 되는 게 계속 퍼부어 내렸다. 얼마나 더 가야 불빛이라도 있을지, 무거운 침묵 속에 우리는 어두운 눈길에서 끝없는 사투를 벌였다.

점차 우리가 얼마나 위험한 상황에 놓였는지 인식되었다. 자칫 죽을 수도 있겠다는 공포가 밀려왔다. 아이들이 생각났다. 사면초가의 위태로운 눈길 위에서 나는 번득 주님이 느껴졌다. 갑자기 집을 떠나 별거하겠다는 내일의 나의 계획을 주님이 야단치시는 것 같다는 생각이 들었다. 나의 쇠고집 때문에 이 상황이 벌어졌음이 깨달아졌다. 말씀이 떠올랐다. "광야에서 시험하던 날에 거역하던 것 같이 너희 마음을 완고하게 하지 말라"(히 3:8)

고집스럽게 세운 계획이 선하지 않다고 책망하셨다. '아~ 그렇구나! 역시 다 보고 계셨구나!' 내 죄가 깨달아지니 코끝이 찡해졌다. 아침 금식을 하며 계획을 세웠을지라도 그것은 내 일방적인 생각이었다. 하나님께서 허락하지 않으면 실행되지 못하는 것이다.

하나님이 이렇게 개입하신다고 생각하니 순간 두려움이 사라졌다. 동시에 뭐라 표현할 수 없는 착잡한 마음에 그 자리에 주저앉아 평평 울고 싶었다.

가도 가도 끝이 없을 것 같았는데 멀리 가로등이 보였다. 원주 휴게소였다. 비로소 안도의 숨을 쉴 수 있었다. 휴게소에 도착해서 보니 새벽 1시를 지나고 있었다. 강릉에서 저녁 7시쯤 출발했는데 차로 2시간 거리를 6시간이나 걸어온 것이다.

주유소 앞에 차를 세우고 무작정 건물 안으로 들어갔다. 사람이 이렇게 반가울 줄이야. 차 수리하는 곳을 물어 원주 시내까지 다시 5km 이상 차를 끌고 갔다. 어두운 골목길을 들어가 셔터가 내려진 카센터 앞에 차를 세워두고 쉴 곳을 찾아갔다. 새벽 4시 반이었다.

위험천만했던 몇 시간을 돌아보며 가슴을 쓸어내렸다. 혼자였다면 과연 어찌 됐을까? 얼마나 무서웠을까? 위기의 시간에 혼자가 아니라 다행이었다는 생각이 들었다. 남편이 말했다. "쓸데없는 생각하지 마. 당신과 나는 천생연분이야." 주님이 보고 계시니 아니라는 말을 할 수 없었다.

내가 세운 계획이 또다시 수포로 돌아갔다. 하나님은 이번에도

가정은 희생할 만한 가치가 있다

내가 원하는 대로 놔두지 않고 계획을 깨뜨리셨다. 이것이 나를 사랑하시는 하나님의 방법임을 이제는 깨닫는다.

이스라엘 백성들이 광야에서 가나안으로 들어가는 동안 변화가 필요했다. 애굽에서 길들여진 그들의 오랜 습관은 하나님의 훈련을 통해 깨져야 했다. 나도 편안한 환경만으로는 굳어진 죄성이 깨지기 어려웠다. 구별된 사고방식과 영적 민첩함이 생겨나도록 주님이 훈련을 통해 나의 영적 무지를 깨우치고 계셨다. 내가 치열한 영적 전쟁을 치르는 나그넷길에 서 있음을 깨닫게 되었다.

인생은 마치 롤러코스터를 타는 것과 같다. 한고비 넘겼다 싶으면 다음에는 더욱 아찔한 코스가 기다리는 게 인생이다. 하지만 롤러코스터와 같은 인생의 여정 가운데 하나님이 함께하신다. 위험천만하게 보이는 궤도를 도는 중에 나를 붙드시는 하나님이 살아계신다. 하나님과 함께라면 때로 무모해 보이고 어리석어 보여도 우리는 코스를 완주할 수 있게 될 것이다. 나는 완주하게 될 날을 손꼽아 기다리기로 했다.

우리 부부가 탄 열차는 공포의 롤러코스터였다. 너무 아찔해 다시는 올라타고 싶지 않은 열차. 멈추지 않는 살벌한 궤도열차는 언제까지 달려갈 것인가? 과연 멈추는 날이 찾아올까?

4장

새벽 길목

1. 만학의 시간

*

주부 학생 모집

　1998년 어느 날, 신문 귀퉁이에 인쇄된 〈주부 학생 모집〉이라는 광고에 눈길이 갔다. '주부 학생'이라는 단어 때문이었을까? 청년 시절 잠시 공부를 생각하기도 했지만 결혼 이후에는 마음 쓸 겨를이 없었다. 하지만 은행 대출금 상환을 못 해 집은 경매 위기에 있었고 재정은 바닥이었다. 돈 벌 방법을 찾아야 하는데 IMF 사태로 경제가 어려워 일할 곳도 없었다. 난 공부에 대한 마음을 애써 부인했다. 그런데 이상하게도 계속 공부하고 싶은 마음이 강하게 올라왔다. 어떻게 해야 하나? 갑작스러운 욕구에 고민이 되었다. 주님의 인도하심을 구하며 3일간 간절히 기도했다. 한번 도전해 보고 싶은 마음이 들었다. 결국 주님을 의지해 용기를 내기로 했다.

　검정고시 학원을 찾아가 등록하고, 맨 먼저 어머니에게 연락했다. 어머니는 공부할 기회를 놓친 나를 늘 짠하게 여겼다. "이제사 어떻게 할 수 있다냐?" 하며 용돈으로 한 달 등록금을 주셨다.

가정은 희생할 만한 가치가 있다

하지만 석 달이 지났을 무렵, 경제적인 이유로 더 이상 계속할 수 없었다. 집안 사정이 말이 아니어서 어떻게든 돈을 벌어야 하는 상황이었다. 누가 봐도 정신 나간 짓이었다. 아쉽지만 그만두기로 했다.

학원 사무실을 찾아가 이번 달까지만 하겠다고 알렸다. 그런데 내 이야기를 들은 한 친구가 만류했다. 학원에서 만난 또래 친구였다. "어렵게 시작했는데 끝까지 함께 가자"라고 하며 너무 서운하다고 적극 말렸다. 할 수 없는 상황을 설명했더니, "그럼 내가 도와줄게. 내가 도와줄 수 있어"라고 했다. 끝까지 함께 가자는 말이 무척 고마웠다.

다음 날 친구는 현금 2백만 원이 든 봉투를 내게 건넸다. 너무 감격스럽고 놀라웠다. 손을 내밀기가 민망했다. 그리고 고마운 마음에 눈시울이 붉어졌다. 나라면 이렇게 할 수 있을까? 갚을 능력이 없는 것을 알면서 이러긴 어려운 일이다. 교회를 다니는 사람도 아니었다. 알게 된 지 불과 석 달이 지났고 우리는 이름 정도만 알 뿐 서로 깊은 얘기를 나눈 적도 없었다. 왠지 돕고 싶은 마음이 들었다고 한다. 나중에 보니 사업체를 운영하는 사람이었다. 말로 설명하기 힘든 이 일은 하나님이 천사를 보내 베푸신 은혜였다. 공부를 계속하라는 사인으로 받아들였다.

열심히 공부해 검정고시에 합격하고 대학 수능시험도 치렀다. 대학 진학을 생각해 보기는 했지만 더는 할 수 없었다. 여기까지도 감사했다. 갈등하지 않고 더 이상 알아보지도 않았다. 그때 마침 선교사인 동생이 잠시 한국에 나왔다가 내 이야기를 듣고 적극 도전해 보라고 지지해 주었다. 김양재 목사님도 격려해 주셨다. 용기를 내어 관심이 있는 신학대학에 지원했다.

첫 등록금은 고맙게도 남편이 해결해 주었다. 이후 등록금은 방학 때마다 학교를 홍보하는 일을 해서 마련했다. 공부 중에 집이 경매에 넘어갔고 이사 갈 데가 없어 걱정하는 때도 있었다. 경제적인 어려움이 오래가니 공부를 그만두어야 할 것 같았다. 매번 학기마다 여기까지만 하자면서 언제든 그만둘 생각을 하고 있었다. 그런데 보이지 않는 손길의 도움으로 8학기를 무사히 마칠 수 있었다. 남편이 그만두라고 하지도 않았다. 군에서 제대한 쌍둥이가 복학을 미루고 생활비를 벌어주어 학업을 마무리할 수 있었다.

다섯 식구 살림을 하며 공부하는 과정은 육체적으로 무척 힘들었다. 지하철에서 책을 읽거나 히브리어, 헬라어, 영어 단어를 외우며 공부하다 보면 한두 정거장 지나치기 일쑤였다. 밤새워 리포트를 쓰면 지쳐서 나도 챙겨주는 엄마가 있으면 좋겠다는 생각마저 들었다. 2학년 중간고사 때부터 시작된 기침은 졸업 때까지 계속되었다. 감기에 걸리면 한 달씩 갔다. 육체적으로 늘 지쳐있었다.

가정은 희생할 만한 가치가 있다

여러 걱정거리가 우겨 싸고 하루도 맘 편할 날이 없었지만 공부하는 시간이 쉼이었다. 학문을 통해 하나님을 알아가는 기쁨과 감격으로 강의 시간에 소리 없는 눈물을 흘렸고 영적 에너지가 충전되었다. 어릴 적 사무쳤던 원망이 사그라들었다.

✳

아버지의 반대

1960년대 후반, 초등학교를 마친 나는 중학교에 가고 싶었는데 아버지가 진학을 막았다. 어머니는 학교에 보내고 싶어 했지만 아버지의 반대에 침묵하셨다. 방구석에 처박혀 나름 시위도 해보았지만 허사였다. 하얗게 빛나는 깃이 달린 검정 교복을 너무 입어보고 싶었다. 학교에 못 가 속상해하자 친구가 한 선생님을 소개해주었다. 선생님의 아이를 돌봐주고 야간에 공부할 수 있는 조건이었다. 선생님 집에 들어갔는데, 아버지가 어떻게 알고 일주일 만에 찾아와 집으로 데려와 버렸다. 가슴에 사무치도록 원망스러웠다.

아버지가 고지식해서 그런 게 아니었다. 큰집 언니를 두고 나만 중학교에 보낼 수 없었던 것이다. 큰집 언니는 중학교까지 통학하기 어려운 산골에 살았다. 차가 없던 시절이라 학교까지 3~4시간을 걸어가야 하는 거리였다. 아버지는 둘이 함께 공부하지 않으면 두 집 사이에 갈등이 생길 것을 염려한 것이다.

결혼하고 아이 셋을 낳아 기르느라 세월이 흘렀다. 하루하루 버거운 상황에 눌리고 한정된 틀에 갇혀 살며 공부할 생각을 하지 못했다.

굳어진 틀을 스스로 벗어나기란 어려운 일이었다. 어떤 특별한 계기가 있어야 가능한데 나는 하나님의 도우심으로 틀을 깼다는 생각이 들었다. 더군다나 경제적으로 어려운 상황에서 공부를 시작한 것은 바늘 끝으로 얼음을 깨는 일과 같았다. 전적으로 하나님의 은혜라고 말하지 않을 수 없다. 하나님의 은혜는 남편에게도 임하기 시작했다.

✶
아버지 학교

어느 해 봄, 주일 아침이었다. 교회를 가려고 나서는데 남편이 따라나섰다. 너무 뜻밖이어서 정말 교회 가는 것 맞느냐고 물었더니, "당신이 원해서 가는 게 아니야. 내가 가고 싶어서 가는 거라고!" 자기변호를 하며 스스로 나서고 있었다. 그동안 여러 번 교회 행사에 초대해도 응하지 않아 근래에는 교회 가자는 얘기도 하지 않았다. 그사이 어떤 마음의 변화가 있었던 모양이다. 이렇게 자발적인 교회 출석이 시작되었다.

가정은 희생할 만한 가치가 있다

그해 가을, 교회에서 아버지 학교가 있었다. 남편이 참석할 수 있도록 아는 분들에게 기도를 부탁했다. 아버지 학교에 참석해 보라고 말했더니 "그런 걸 내가 왜 해?"라고 반응했다. "한 번만!" 하고 간곡하게 요청하자 목에 힘을 주고 톤을 높여 "오늘만 갈 거야!"라고 했다. 하루만 참석해도 어쩔 수 없었다. 교육받는 태도가 워낙 고자세라 강사의 눈에 띄어 여러 번 앞에 불려 나가 질문 공세를 받은 것 같았다. 다행히 중도 탈락하지 않고 끝까지 수료하게 된 것은 중보기도의 힘이었다.

후에 남편이 다른 사람과 얘기할 때, 아버지 학교를 통해 많이 배웠다고 말하는 것을 들었다. 한 번도 들어보지 못한 가정, 가족, 남자의 역할 등에 대해 배운 것이다. 아버지 학교는 남편에게 깊은 영향을 미친 게 분명했다. 그 이후 한국 교회에 대한 불평을 말하면서도 교회는 계속 나갔다.

이듬해, 세례를 받았다. 세례받는 남편을 지켜볼 때, 주님이 "너는 두려워 말라 내가 너를 구속하였고 내가 너를 지명하여 불렀나니 너는 내 것이라"(이사야 43:1)는 말씀을 주셨다. 마음속 깊은 곳에서 감사의 눈물이 솟아났다. 때가 되니 주님이 일하신 것이다.

남편은 초기에는 매 주일 출석하는 것을 어려워했지만, 점차 익숙해져 주일예배에 빠지지 않았고 소그룹 모임도 잘 참여했다.

하지만 말씀을 들어도 변화가 더뎠다. 그때마다 '바로 내 모습이네, 주님이 하시겠지'라고 생각하면서 지나간다. 주일예배를 빠지지 않는 것을 보면 그래도 들리는 말씀이 있지 않겠는가?

✳

대학원 진학

학부 졸업반일 때 교수님이 대학원 진학을 권유했다. 단호히 아니라고 답변했다. 지금까지 온 것만으로도 넘치게 감사했고 더는 생각할 수 없었다. 여기서 주저앉지 말라고 말하는 사람들은 내 경제 상황을 모르기 때문이라고 여겼다. 큰애가 복학을 미루고 있었다.

새 학기가 될 무렵, 교수님이 재차 진학을 권했다. 얼마 후 또 이야기하셨다. 거듭된 권면을 듣게 되자 다시 생각해 보게 되었다. 어느 날 기도 중에 마음에 소원함이 생겼다. '그래, 앞으로 쓰임 받으려면 이 정도로는 부족하지.' 그러나 모든 게 조심스러웠다. 3일 금식을 하며 주님의 인도를 구했다. 진학을 간절히 원한 게 아니기에 길이 안 열려도 괜찮다는 마음이었다. 아들은 빨리 복학하라고 해도 미루고 있었다.

어렵사리 마음을 정하고 '가정사역 상담학과'로 대학원에 진학했다. 먼저 내가 살고 식구를 살리고 이웃을 돕겠다는 목표를 세웠다. 여러 여건을 보면 할 수 없는 일이었다. 아이들에게 뭐라 말할 수 없이 미안했다. 주변에서도 말들이 있었다. "뒤늦게 웬 공부를 하려는가? 대학생 아들이 휴학 중인데 어미가 못 배운 한을 풀려고 하는가?" 그렇게 볼 수 있기에 변명할 말이 없었다.

공부하는 과정에 주님이 마음에 평강을 주시고 놀랍게도 주변의 적극적인 도움의 손길이 있었다. 주부로서 공부할 여건이 조성되지 않으면 불가능한 일이다. 남편은 하는 일이 마음대로 되지 않아 고전하면서도 공부하는 것은 한 번도 잔소리하지 않았다. 그것은 의외여서 지지하는 것으로 해석했다.

43살에 검정고시를 시작으로 중, 고등 과정과 대학 4년, 대학원까지 10여 년을 공부했다. 기적 같은 일이었다. 공부를 끝내기까지 식구들의 희생과 형제들, 후원자들의 도움이 있었기에 가능했다. 진실로 감사하다.

2. 역할이 바뀌고

*
남편과 나 이해하기

　상담심리를 공부하는 동안 비로소 나를 제대로 알아가고 남편을 이해하게 되었다. 우리 부부는 둘 다 역기능 가정에서 자랐음을 알았다. 내가 생각했던 것보다 남편은 훨씬 심각한 환경이었다. 건강하게 정서가 발달할 수 없었고 적절하게 자아가 형성될 수 없는 여건이었다.

　내게는 길들지 않은 야생마 같은 남편을 이해하는 것만큼 중요한 게 없었다. 배움을 통해 이해의 폭이 넓어지고 상대를 이해할 수 있게 되니 얼마나 감사한지 모른다. 남편의 기질은 틀린 게 아니라 단지 나와 다른 것임을 알고 계속 고개를 끄덕이는 시간이었다. 남편의 내면세계를 이해하게 되면서 어릴 적 시기가 중요하다는 것을 다시금 깨달았다.

　성장기 환경이 성격 형성에 결정적으로 영향을 미친다는 것을 알았을 때, 남편에 대해 또 나 자신에게도 애잔한 마음이 들었다.

가정은 희생할 만한 가치가 있다

배움의 시간은 쉼이었고 충전의 기회였고 사람에 대해 관심 갖는 출발점이었다. 나의 부족한 점을 깨닫고 새롭게 눈떠가는 계기가 된 것이다.

가정사역 상담학과를 졸업할 무렵, 교수님이 운영하는 상담소에서 수습생으로 일하게 되었다. 배운 이론을 실제에 적용하며 다양한 사람들의 삶을 들여다보는 시간이었다.

∗
바랄 수 없는 것

남편은 영업을 위해 주중에는 지방을 돌아다녔다. 주말에 집으로 들어오면 쉬어야 한다며 TV만 보다가 월요일에 다시 횡하니 가버렸다. 여행 도구가 담긴 가방을 늘 머리맡에 두었다. 집을 하숙집처럼 여기고 잠시 손님처럼 왔다 가버리니 서운하고 섭섭했다.

투명하지 않은 여러 부분이 불만스러웠지만 어쩔 도리가 없었다. 알려고도 하지 않았다. 알게 되면 불성실한 모습만 확인될 테니 속상할 게 뻔했다. 모르는 게 마음을 지키는 길이라고 생각했다. 집에 있으면 불편하게 느껴지고 없을 때 더 자유로웠다. 월요일이면 어서 가주길 바라기도 했다. 그러다가 IMF 이후로는 남편

일이 어려워졌다. 그나마 생활비도 점점 내 손에 들어오지 않았다.

　내가 돈을 벌기 시작하자, 우려했던 대로 그때부터 아예 나 몰라라 했다. 월세가 석 달째 밀려있어도 물어보지 않았다. 한 방에 끝낼 좋은 아이템으로 지방 영업을 뛸 생각만 하고 있었다. 괜찮은 아이템이 나오기를 기다렸지만 그런 일은 일어나지 않았다. 내 소박한 바람은 적은 수입이라도 꾸준히 있어서 가족이 오순도순 사는 것이었다. 젊은 날 마음고생을 시켰으니 이제는 책임 있는 모습을 보여주길 바랐다. 월세도 내야 하고 보증금 융자도 갚아야 하고 자동차도 오래됐는데 도대체 왜 저러고 있나, 무책임한 남편을 이해할 수 없었다. 무슨 일이든 같이 돈을 벌어 월세살이를 벗어나고 싶었다. 조금만 노력하면 경제적으로 좋아질 것 같아, 일의 귀천을 가리지 말고 어떤 일이라도 해보라고 간곡히 요청도 해보았다. 그때마다 내가 바랄 수 없는 것을 바라고 있다는 생각이 들었다. 아내로서 남편에게 기대고 싶고 이해받고 싶었지만 그럴 수 없는 거리감만 확인될 뿐이었다.

*

사소하지 않은 집안일

　2016년 강원도의 한 요양기관의 책임자로 일하면서 거리가 멀어 일주일에 한 번 집에 오게 되었다. 이제 내가 지방 근무로 집을 비우게 되니 남편이 집안일을 해야 하는 상황으로 바뀌었다. 남편은 소소한 집안일을 하기에는 기질적으로 맞지 않아 서툴렀지만 어쩔 수 없었다. 음식을 스스로 챙겨 먹는 일에서부터 청소, 설거지, 빨래 등 내가 했던 일을 도맡아야 했다.

사실 남편은 만들어 놓은 반찬을 꺼내 먹는 것도 서툰 사람이다. 수저통에 꽂혀있는 젓가락을 한 번 잡아서 짝이 안 맞으면 짜증을 낸다. 냉장고에서 반찬 통을 여러 개 꺼내놓아도 좋아하는 것만 뚜껑을 열고 먹는 사람이다.

일주일 만에 집으로 돌아와 보면, 음식 찌꺼기만 버리고 싱크대는 청소가 안 되어있었다. 위생이나 청결에 대한 개념 자체가 없었다. 냄새나는 싱크대를 비롯해 곳곳에 내 손이 가야 했다. 남편은 제대로 하려는 마음이 없이 뭐든지 대충 해놓았다. 꼼꼼한 내 눈엔 모든 게 거슬렸다. 미처 냉장고에 넣지 못한 것을 일주일째 그대로 놔둬서 썩히는 등 잔소리할 게 너무도 많았다. 그런데도 설거지를 했더니 손이 거칠어졌다, 위생을 신경 쓰는 내가 오히려 유별스럽다는 둥 짜증을 냈다.

일이 서툴러 하나부터 열까지 거듭해서 설명해야 하는데 그것은 또 다른 어려움이었다. 하지만 어쩔 수 없이 반복 설명을 할 수밖에 없었다. 집안일은 한 번으로 끝나는 일이 아니지 않은가. 원치 않은 일인 데다 잔소리까지 들으니 자존심을 상해하는 것 같았다. 서로 마음이 상하고 속상한 일이 이어졌다. 나중에는 나를 위한 훈련이라 생각하고 태도를 바꾸어 먼저 칭찬할 거리를 찾기 시작했다.

예전에 남편은 집에서 여성이 하는 가사와 육아는 노는 일이라고 했던 사람이다. 이제는 주부가 하는 일에 관한 생각이 좀 달라졌을까?

주말에 집으로 왔을 때, 할 수 있는 일을 안 하고 놔둔 것을 보면 화가 머리끝까지 치밀어 오르기도 했다. 내가 생활비를 벌어온다고 생색을 내는 것 같아 가능한 잔소리 안 하고 넘어가고 싶었다. 하지만 일터에서 시달리다 집에 돌아오면 아무 생각 없이 느긋하게 쉬고 싶은데 현실은 그렇지 못했다. 집에 올 때마다 잔소리해야 하고 미뤄놓은 일을 처리하느라 몸도 마음도 힘들었다. 최소한 청소만이라도 깨끗이 해주길 바랐는데 다시 내 손이 가야 할 곳이 많아 집에서 쉴 수 있는 상황이 아니었다. 다시 일터로 돌아가는 길에는 몸도 마음도 편치 않아 내내 버스에서 눈물이 났다.

그렇게 몇 년이 흘렀다. 어느 날부터인가 내 말을 귀담아듣는 게 느껴졌다. 집에서 살림하는 남자들의 모습을 TV에서 보기도 하고 자신도 피할 수 없는 현실로 받아들인 것이다. 뭔가 해보려고 다시 묻기도 했다. 모두 마음에 드는 것은 아니지만 할 일을 스스로 찾으니 나는 몸과 마음이 훨씬 수월해졌다. 이것이 바로 변화요, 기적이라는 생각이 들었다.

3. 눈이 열릴 때

*

마음 들여다보기

남편은 그동안 자신의 용돈만 해결할 뿐 집안 상황은 물어볼 생각을 하지 않았다. 가정에 대해 미안한 마음을 갖고 책임감 있는 모습을 보여주길 원했지만 그런 문제는 진지하게 대화조차 하기 어려운 게 현실이었다. 가정을 책임지려 하지 않는 태도를 보며 오랫동안 남편에 대한 불만이 쌓여갔다. 또 남편이 한번 혈기를 부리고 나면 오랫동안 속상하고 이해하고 싶은 마음이 사라졌다. 다시 또 그럴 텐데 하는 생각이 들어 마음이 차가워졌고 냉랭한 마음이 풀리려면 시간이 걸렸다. 눌러놓은 감정이 올라오기도 했다.

기질과 성격이 나와 많이 다른 남편을 견디며 살아온 지 수십 년, 이제 그의 모습에 익숙할 만도 한데 나는 여전히 그러지 못했다.

남편에 대한 나의 태도가 달라진 계기가 있었다. 어느 날, 문득 나는 왜 늘 이렇게 살아야 할까? 내게 어떤 문제가 있는 것일까?

가정은 희생할 만한 가치가 있다

왜 이렇게 모든 게 기쁨이 없고 힘들기만 할까 하고 생각해 보게 되었다. 남편에 대한 불만과 불평이 가득한 내 마음을 찬찬히 들여다보게 된 것이다.

예수님께 마음을 드리지 못하고 살아가는 내 모습이 보였다. 문제에만 초점을 맞추고 살고 있었다. 몇 번이나 큰 사건을 통해 깨달았는데도 아직 믿음에 바로 서 있지 못한 모습이었다. 여전히 영적으로 메마른 고정관념의 틀에 갇혀있다는 생각이 들었다. 사건들을 통해 깨달음을 주셨듯이 내가 경험한 것은 나를 성장시키는 과정이 분명했다. 그런데 오랫동안 길들여진 생각에서 벗어나지 못하고 있었다. 이 틀은 건강하지 못한 환경에서 오랫동안 익숙해진 것이다. 그것이 내 내면의 깊숙한 곳에서 영적 성장을 방해하고 있다는 생각이 들었다.

이 사실을 깨닫고 나서부터 휘몰아치는 감정으로 마음이 힘들어질 때면 그 감정을 붙잡고 구체적으로 기도하기 시작했다. 표현되지 못한 감정, 억울한 마음을 주님께 올려드렸다. 주님이 기다리셨다는 듯 내 마음을 만지시는 게 느껴졌다.

옛 사고의 틀에 갇혀 문제에만 주목하던 연약한 내 모습, 정작 내가 변해야 하는 것을 잊고 살았다. 내 마음을 돌아보니 남편을 미워하는 생각이 잘 박힌 못처럼 내 마음 깊은 곳에 가득했다. 오랫동안 미워하면서도 죄의식이 없었다. 이제는 변해야 하는 게 분명했다. 생각이 거기에 미치자 연약한 나 자신의 모습이 눈물 나게 안타까웠다. 더 이상 이런 마음으로 살면 안 되겠다는 생각이 들었다.

오랜 시간 남편을 마음에서 밀어냈고 다정한 말 한마디 나누지 않고 멀어진 채로 익숙해져 있었다. 애통한 마음으로 안타까워하는 내게 주님은 중요한 깨달음을 주셨다. 그동안 힘들어하고 마음이 피폐해진 원인은 내 마음속에서 자라난 '쓴 뿌리' 문제였다. 상처받은 내 속에 응어리진 미움과 억울함, 섭섭함이 해소되지 못한 채 작동하고 있었다.

쓴 뿌리는 하나님과 온전히 교제하는 것은 물론 말씀을 듣고 적용하는 일을 방해했다. 내 문제의 실체를 발견하거나 마귀의 미혹을 분별해 내지 못하게 했다. 오랫동안 신앙생활의 걸림돌로, 내면의 성장을 가로막은 채 부정적인 영향을 미쳤던 것이다. 그러고 보니 나의 쓴 뿌리 때문에 남편과 아이들에게 부드럽고 다정하지 못했다. 식구들에게 냉정하고 친밀하지 못한 말투로 상처를 주었다는 생각이 들었다. 식구를 영적으로 돕지 못할망정 피해를 입히다니…. 애통한 마음과 자책이 되어 나의 죄를 처절하게 고백하지 않을 수 없었다.

사랑하는 가족에게 상처를 입혔다는 생각은 너무 고통스러웠다. 그동안 나는 늘 당했다고만 생각했는데, 내가 무슨 짓을 했는지 깨닫지 못해 회한의 눈물이 앞을 가렸다. 겉으로는 경건한 자인 것처럼 살아온 내 이중적인 모습이었다.

어릴 적 건강하지 못한 정서와 결혼생활에서 힘들었던 감정은 수면 아래 켜켜이 쌓여있었다. 그로 인해 나를 돌아보는 것도 어려웠고, 영적 무지에서 벗어나는 것도 시간이 오래 걸렸다. 방해 요소를 알고 나니 회복이 필요하다고 느껴졌다. 신앙으로 극복하지 못하면 쓴 뿌리는 아이들에게 대물림되고 악순환의 고리가 계속될 수 있다는 생각에 마음이 다급해졌다.

성령님께 눈물로 내 마음과 생각을 낱낱이 올려드렸다. 남편과 깊은 소통이 필요한데 그게 어렵다는 생각에 마음이 곤고해 주님께 간절히 기도했다. 남편은 내게 미안하다 고맙다는 말을 할 수 없는 사람이고 진지한 대화가 안 되는 사람이라고, 해소되지 못한 내 감정을 정서적인 대화로 풀고 싶다고 기도했다. 주님이 나의 쓴 뿌리를 치료해 주시고 남편과 내게 찾아와 주시기를 간절히 요청했다.

나의 실체

우리 부부는 대화를 길게 이어가지 못한다. 의사소통이 잘 안 되니 나는 속상해서 자주 울화통이 터졌다. 온갖 부정적인 감정이 쌓여있으니 잘하다가도 남편의 혈기 한 번, 막말 한 번에 걸려 넘어져 부정적인 감정에 갇혀버렸다. 그동안 마음의 쓴 뿌리는 내 정서에 기생하여 날 괴롭혀왔다. 나의 취약한 정서를 놓고 주님의 은혜를 구했어야 하는데, 신앙 안에 있다는 것 때문에 그동안 문제로 느끼지 못했다는 생각이 들었다.

데이빗 씨맨즈는 《상한 감정의 치유》라는 책에서 "예수님을 만나는 극적인 경험은 아주 귀하고 영원한 가치가 있는 것이 사실이다. 하지만 정서적으로 입은 상처가 곧장 낫게 되는 것은 아니다. 인격에 손상을 받은 정서적인 문제들은 빨리 낫지 않는다. 이 문제를 빨리 이해하고 성령님의 특별한 방법으로 고치실 수 있도록 간구해야 한다"고 말했다. 성령님의 특별한 은혜가 있어야 한다는 것을 깨달았다. 이제라도 문제를 알게 되어 다행이라는 생각이 들어 주님의 도우심을 구하기 시작했다. 내겐 남편을 미워하는 마음이 진정 큰 짐이었다.

깨달은 것을 적용해 보려고 노력했지만 자꾸 제자리로 돌아가

가정은 희생할 만한 가치가 있다

버렸다. 남편을 향해 너그럽지 못하고 속마음이 이중적이었다. 돈을 벌어오기를 바라는 마음이 늘 있었다. 아직 일할 수 있는데 무슨 일이든 해야 한다는 생각을 내려놓지 못했다. 있는 모습 그대로 감사할 수 있어야 하는데 그게 안 되었다. 생각대로 잘 안 되는 모습이 안타깝고 자괴감이 들었다. 그럴 때마다 내 힘으로 할 수 없다고 고백하며 눈물을 흘렸다.

"주님! 제힘으로는 안 돼요. 불쌍히 여겨주시고 주님이 해주세요!"

안타까운 마음으로 기도할 때마다 남편을 사랑할 수 있게 해주시기를 간구했다. 언젠가 "네 남편을 하나님의 사랑으로 사랑하라"는 마음의 음성을 들었던 적이 있다. 그 순간 '사랑'이라는 단어 때문에 나도 모르게 반항심이 일었다. "하나님, 저 못해요. 제가 저 사람을 얼마나 미워하는지 아시잖아요! 저는 하나님의 그 사랑을 할 수가 없어요" 하며 펑펑 눈물을 쏟았다. 고린도전서 13장의 "사랑은 오래 참고 사랑은 온유하며… 무례하지 아니하며…"라는 말씀이 동시에 떠올랐기 때문이기도 했다. 나는 무례하고 온유하지 못하고 사랑할 마음이 전혀 없었다. 할 수 없다고 생각했기 때문인지 그 뒤로 말씀을 잊어버리고 마음 놓고 남편을 미워했다.

영적으로 무지해서 귀한 음성을 들려주셨어도 깨닫지 못했다는 것이 갑자기 생각났다. 부끄러운 마음에 "주님, 저는 죄인입니다" 하고 새벽마다 고백을 드리기 시작했다.

　어떤 적용이 필요할까? 어떻게 적용할지에 대해 진지하게 생각했다. 이전처럼 무조건 참거나 비난하거나 회피하지 않기로 했다. 남편을 무시하지 않고 때에 맞게 적절한 말을 하려고 노력하고 화가 날 때는 속으로 기도하기로 했다. 남편을 위해 눈물로 기도하다 보니 그의 취약했던 성장 배경이 떠올랐다. 나보다 훨씬 열악하지 않았던가? 잘 품어주는 따뜻한 사람을 배우자로 만났어야 했다는 생각이 들었다. 남편이 불쌍한 생각이 들고 그동안 돕는 배필의 역할을 잘하지 못했다는 죄책감이 느껴졌다. 일상을 주의 깊게 돌아보니 남편을 불편하게만 생각했던 내 모습이 보였다.

　그 후 기도하면서 앞으로 우리 부부가 진정 회복되어 주님의 기쁨이 되고 싶다는 생각이 들었다. 회복된 삶으로 하나님께 영광으로 올려드리고 싶었다. 그러나 생각처럼 안 되었다. 거듭 마음이 곤고해졌다. 티끌 같고 마른 막대기 같은 내 실체를 보며 가난한 심정이 되었다. 하지만 성찰을 통해 부족한 나를 볼 수 있는 데까지 주님이 인도하셨기에 우리 가정을 회복하실 것을 믿으며 자신을 위로했다.

너나 잘해라

　그렇게 시간이 흘렀다. 남편도 어느덧 집안일에 익숙해져 설거지나 세탁기 돌리기, 쓰레기 버리는 일은 어렵지 않게 되었다. 밑반찬을 만들어 놓긴 했지만, 매번 식사 때마다 같은 음식을 먹는 것은 힘든 일이었다. 그렇다고 집에 막내아들도 있는데 늘 사 먹을 수도 없는 노릇이었다. 그러기를 몇 년, 마침내 김치찌개와 콩나물국을 끓이는 실력이 되었다.

　어느 월요일 이른 아침이었다. 먼 길을 가야 해서 눈에 보이는 것들에 대해 잔소리하며 바삐 옷을 갈아입었다. 일주일 후에 돌아올 예정이라 단도리할 게 많았다. 그런데 부글부글 끓는 콩나물국을 식탁에 놓으면서 "밥 먹고 가!"라고 하지 않는가? 늦으면 그냥 가던 나를 먹여 보내려는 마음이 느껴졌다. 고마워서 '어느새 콩나물국을 끓였네!' 생각하며 의자에 앉았다. 식사기도를 하려고 눈을 감는데 왈칵 눈물이 쏟아졌다. 내 잔소리에 자존심이 상하기도 할 텐데 못 들은 척 내색도 없이 밥을 챙겨주는 모습에 감동되었다. 남편이 이렇게 생각해 주는데 나는 왜 매사에 감사하지 못하는지….

　남편의 태도가 달라지고 있음을 느꼈다. 하지만 나 역시 표현하지 못하고 살아온 탓에 남편의 변화를 칭찬하지도 못했다. 남편의 친절이 변하지 않은 내 모습을 들여다보게 했다.

하루는 서울 법인에서 분배하는 물품을 가져가야 해서 기관에 있는 12인승 스타렉스를 집으로 가져왔다. 밤에 남편이 주차장에 나갔다가 오더니 저렇게 큰 차를 어떻게 몰고 왔느냐며 걱정했다. 나를 걱정해 주다니….

다음 날 출발할 때도 주차장으로 나와 몇 번이고 조심하라며 안 보일 때까지 지켜보고 서 있었다. 진정 걱정해 주는 말이 낯설고 생소하게 느껴졌다. 오랫동안 날 함부로 대하고 거침없이 무시하는 것에 익숙해 있었기 때문일까? 날 진심으로 걱정해 주는 말에 기분이 좋았다.

오래전 남편 때문에 힘들어하며 기도할 때, 주님이 "네 남편은 내가 알아서 할 테니 너나 잘해라"라고 말씀해 주셨던 게 생각났다. 마음속으로 분명히 들린 음성이었다. 하나님의 음성을 듣는다는 게 무엇인지 몰랐을 때였다. 기억에서 사라지지 않고 가끔 생각났는데, 이제 보니 날 책망하신 것 같다. 내가 문제인 것이다.

가정의 문제를 모두 남편 탓으로 돌렸기 때문에 실상을 깨닫는 데 시간이 오래 걸렸다. 큰 교회를 다니면 마치 자신이 큰 믿음이

가정은 희생할 만한 가치가 있다

있는 것으로 착각한다는 말이 있다. 나는 교회 안에 있으니 믿음이 있다고 착각했다. 안타까웠다. 그동안 뭘 했나 하는 자괴감이 들었고 가난한 마음이 되어 다시 주님을 바라보았다.

모나고 연약한 내 모습, 여기까지 올 수 있었던 것은 오직 주님의 은혜였다. 주님이 부족한 나를 변화시킬 것이다. 주님의 은혜만이 나를 바꿀 수 있다.

＊
십자가 지는 것

어느 날 성경 한 구절이 눈에 들어왔다. "예수께서 제자들에게 이르시되 누구든지 나를 따라오려거든 자기를 부인하고 자기 십자가를 지고 나를 따를 것이니라"(마 16:24)

자기 십자가를 지는 것이 예수의 제자가 되는 길이라고 했다. 남편이 일하지 않는 것에 대해 불만을 품기보다 지금의 현실을 받아들이고 가라는 것으로 이해되었다. 오늘, 힘들게 여기는 일들을 받아들이고 인정하는 게 내 십자가인 것이다.

오랫동안 십자가에 관한 말씀을 듣고 십자가 찬송을 불렀어도 내 십자가가 무언지 깨닫지 못했다. 남편을 불만스러운 모습으로 뒷짐 진 채 저만치 서서 곁눈질로 무시만 했다. 내 삶의 고난을 십자가와 연결하지 못했다.

오랜 신앙생활이 타성에 젖어있는 이유 때문인가? 아닌 척, 잘 해내는 척하면서 주님이 주권적으로 행하도록 내어드리는 게 어려웠다. 깨닫고 다짐하고 결단해도 계속 감정선을 넘나들었다. 죽어지지 않았기에 경건의 능력은 없었고 경건의 모양만 남아있는 모습이었다.

4. 사랑 고백

✳
불쌍해 보이는 남편

어느 날, 주방에서 일하고 있을 때였다. 남편은 소파에 앉아 TV에만 눈이 가 있었다. 그런데 등 뒤로 느껴지는 남편이 갑자기 측은하다는 생각이 들었다. 이 감정이 느껴지는 순간, 내 안에 기적이 일어난 것 같았다. 분명 이전과 다른 뜻밖의 느낌을 경험하게 되어 속으로 놀랐다.

기도할 때 불쌍한 생각이 들기는 했지만 이렇게 일상에서 남편 마음이 헤아려진 건 특별했다. 내게 다가온 분명한 이 느낌에 집중해 보았다. 그의 해묵은 고독감이 느껴졌다. 오랫동안 메말랐던 내

가슴에 갑자기 솟아난 측은해 보이는 이 감정을 놓치고 싶지 않았다. 그래서 그 마음을 엄지와 집게손가락으로 잡아 집어 올리듯 꼭 붙들고 기도했다. "아버지 하나님! 저희를 용서해 주시고 다시 회복할 수 있게 도와주세요!" 남편은 깊은 외로움과 고독 가운데 살고 있었다. 공격적인 말투와 유연하지 못한 행동 뒤로 외로움이 감춰져 있었다. 식구들에게 다정한 말 한마디 못하는 사람, 속마음을 내보일 줄 모르는 사람이었다. 억압된 내면의 깊은 감정들을 의식하지 못하고 자기만의 세계에 머물러 있는 모습이 보여 무척 가엾게 느껴졌다. 남편을 향한 이런 내 마음은 예전 같지 않아서 하나님이 주신 마음인 것을 알았다.

처음으로 그이의 속을 헤아려 보게 되었다. 그동안 진정 돕는 배필이 되지 못했다는 생각이 들었다. 부부라면 서로 마음을 헤아리고 배려하며 살아야 하는 것이다. 그런데 다정한 말 한마디 없이 한집 두 가정으로 살아온 시간이 얼마였던가?

부끄럽게도, 우리 부부를 아는 사람들은 나를 위로하고 남편을 탓했다. 그래서 남편 안부를 묻는 사람들에게 나는 마음 놓고 남편에 대해 뒷담화를 해왔다. 남편의 단점을 들추고 이 사람이 얼마나 이상한 성격의 소유자인지, 함께 살아가는 내가 얼마나 힘들고 어려운지 수다를 떨었다. 나에 대해 동정심을 유발하고 남편을 향해서는 융단폭격의 비난이 가해지길 바랐다.

남편의 성질을 아는 친구들도 "쌍둥이 엄마는 천사야!"라고 하면서 손찌검하지 말고 잘해주라는 말을 한다고 들었다.

남편의 성격과 정서는 어린 시절 취약한 환경적 배경이 있었다. 자기 기분이 내키면 당황스럽게 잘 대해주었다. 절충하고 타협하기 어려울 땐 놀랍도록 빠르게 회피해 버리며 다혈질 기질을 드러냈다. 절제나 유연성은 혈기와 큰 목소리 뒤에 감춰졌다. 막연한 내적 불안을 외도나 도박 등 자극적인 것으로 대처하는 심리적인 요인이 있었을 것이다. 나도 부족했기에 남편의 이런 태도에 현명하게 대처하는 게 너무 어렵고 힘들었다.

그런데 이제 때가 된 것일까? 주님이 내 죄를 깨닫게 하시고 남편의 약함을 용납할 마음을 주셨다. 이제 남편의 흠집을 드러내는 것이 부끄럽게 여겨졌다. 만날 때마다 내 수다를 들은 사람들은 "둘 다 똑같이 어지간히 안 변한다"고 했을 것 같다. 나의 수치라는 생각이 든다.

역기능적 환경에서 성장하면 누구나 예외 없이 정서적 유대감을 갖는 게 어렵고 자기중심적 사고를 할 수밖에 없다고 한다. 이것에 대한 이해가 부족해 그동안 남편만 극단적 자기중심주의자라고 비난했다. 그것은 정녕 내 틀에 갇힌 판단이었다. 감사하게도 주님이 그것을 깨닫게 하시고 부족한 내 모습을 보게 하셨다. 변화는 남편이 아니라 내가 먼저 시작해야 함을 다시금 느꼈다.

　사랑을 실천해야 한다는 것을 알면서도 남편에게 다가가지 못했다. 내 속에 남편에 대한 좋은 이미지가 없었다. 남편에게 받은 피해의식이 잠재해 있었다. 억울함이 가득했고 배려나 존중받지 못한 해묵은 느낌이 깊었다. 남편의 직설적인 성향이나 즉흥적으로 오버하는 기질도 싫었다.

　어느 날 기도 중에 내 잣대로 남편을 재지 말라는 마음을 주셨다. 남편의 기질은 개인적으로 타고난 독특한 것이며 그 사람도 하나님의 작품이라는 것이다. 아니! 저 모습을 하나님이 만드셨다고? 세상에! 비난받아 마땅한 남편을 하나님의 작품이라고 생각하지 못했다. 그동안 내가 옳고 나처럼 해야 한다고 생각했다. 주님이 나를 더 이상 두고 볼 수 없으셨던지 남편도 하나님의 형상으로 지음 받은 것을 깨닫도록 내 마음을 터치하셨다.

　내 짧은 잣대를 들이대서 재고 비난했다는 깨달음이 오자 내 두 눈에서 눈물이 마구 흘러내렸다. 남편만 탓했던 내 모습이 부끄럽고 주님 앞에서 말로 다할 수 없이 죄송했다. 이 부분을 기도할 때마다 눈물이 났다. 그동안 우둔함 속에서 소중한 시간을 통째로 잃어버린 것 같았다.

용기 있는 고백

겸손하게 마음을 낮추고 마음을 새롭게 해야 했다. 고심한 끝에 하나님이 깨닫게 해주신 것을 의지적으로 적용하기로 했다. 실천 사항의 하나로 남편에게 내 마음을 고백하기로 마음먹었다. 그것이 깨달음에서 끝나지 않고 한 걸음 더 나아가는 길 같았다. 내 믿음의 고백이 헛되지 않기를 바라는 마음에서였다. 또한, 하나님이 나를 다루시는 것을 통해 남편도 하나님을 더 알아가도록 돕기 위함이었다. 수십 년 동안 대가를 치르고 깨달은 영적 원리가 아닌가! 성령님께 의지하며 기회를 엿보았다.

어느 날, 소파에 앉아 TV를 보고 있는 남편에게 다가갔다. 옆에 다소곳이 앉아 분위기를 만든 뒤 진지하게 입을 열었다.

"하나님이 당신을 얼마나 사랑하는지 알아요? 나에게 하나님의 사랑으로 당신을 사랑하라는 마음을 주셨어. 하나님이 당신을 사랑하시기 때문이에요."

이어 덧붙였다. 지금까지 하나님이 이혼이 안 되게 하시고 가정이 유지되게 하셨다, 당신이 마음의 문을 열도록 하나님이 기다리고 계신다, 당신의 거칠고 공격적인 성향이 나는 너무 싫은데 하나님은 내 기준으로 판단하지 말라고 하셨다. 당신도 마음 문을 열고 하나님이 어떤 분인지 알아갔으면 좋겠다. 진지하게 얘기했다.

어떤 모양으로든지 반응해야 하지 않는가? 남편은 아무런 말이 없었다. 중요한 얘기였지만 멋진 반응을 기대할 수 없다는 것을 알았기에 혼자 머쓱하게 지나갔다. 분위기에 맞는 대화를 못 하는 사람이니 어쩌겠는가! 반응이 없으니 얼마만큼 알아들었는지 알 수가 없었다. 잠시라도 생각해 보는 기회를 주었다고 믿고 하나님께 맡기기로 했다.

※

하나님의 마음

2020년 말, 직장에서 계약이 끝나 집으로 돌아왔다. 마침 코로나로 인해 외출할 일이 줄어들어 집에서 혼자 있게 되면 성경 읽고 기도할 수 있어서 감사했다.

이스라엘의 역사를 읽던 어느 날, 이스라엘 백성을 향한 하나님의 마음이 깊이 다가왔다. 여호수아가 죽은 후 세대가 바뀌었고 이스라엘 백성들은 하나님을 잊어버렸다. 그들은 자기의 소견에 옳은 대로 행하고 우상을 섬겼다. 하나님은 그것은 망하는 길이니 돌아오라고 선지자를 통해 목 놓아 외치셨다.

안타까워하시는 하나님의 감정이 느껴졌고 성경을 읽을 때마다 눈물이 나 읽어 내려갈 수가 없었다. 얼마나 속상하고 애통한 마음이셨을까? 하나님은 자기 백성을 향해 울고 계셨다. 식구들을 향해 간절한 내 마음이 오버랩 되면서 하나님의 마음을 깨달았다. 이스라엘 역사를 읽으며 하나님의 마음이 헤아려지는 것은 처음이었다. 몇 달 동안 하나님의 마음을 생각만 하면 눈물이 났다. 하나님께서 내 마음을 만지시는 것을 알았고 그 은혜가 정말 감사했다.

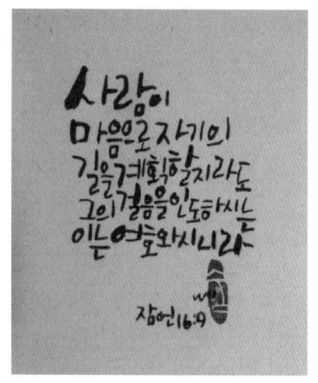

자기중심적이던 나 자신이 조금씩 변하면서 동시에 가족들에게도 변화가 생기는 것을 느낄 수 있었다. 가족은 서로 영향을 주고받을 수밖에 없는 관계다. 여기까지 나아오는데 역시 결정적인 버팀목이 되어준 것은 아이들이다. 두 아들의 등장이 그러했다. 특히 우리 집 셋째는 우리 부부의 형편없었음을 온몸으로 보여주었기에 그 이야기를 하지 않을 수 없을 것 같다.

5. 문제아 뒤의 부모

*

첫째와 둘째

쌍둥이 두 아들을 생각하면 엄마로서 늘 고마움과 미안함이 교차한다. 무엇보다 아이들이 어릴 적에 부모가 험한 꼴을 보인 게 말할 수 없이 미안하다.

여러 가지 상황이 벌어졌을 때 당시는 그것에 대해 아이들과 대화할 여력이 없었다. 생각이나 감정을 표현하지 못했고 그냥 지나가도 되는 줄 알았다. 누가 막은 게 아니라 스스로 마음의 상처를 억누르는 데 익숙해졌기 때문이었다. 엄마인 내가 아이들 마음을 읽고 공감과 지지를 보내는 역할을 하지 못하니 배워지지 못해 아이들도 정서적인 공감으로 반응하는 것에 서투른 것을 보게 된다.

사실 내가 남편으로 인해 힘든 마음을 아이들이 알고 이해할 것으로만 여겼다. 하지만 아이들도 부모 때문에 힘들었음을 헤아리지 못하고 내 곤경에만 몰두해 있었음을 뒤늦게 깨달았다. 장성

한 아이들의 모습을 바라보며 비로소 내 모습을 돌아보기 시작했다.

두 아들은 내가 공부할 수 있게 하려고 휴학하고 군 복무를 지원했다. 첫째는 자이툰부대에 지원해서 이라크 파병을 다녀왔고, 둘째는 제대 후 아프리카 가나에 1년 단기선교를 다녀왔다. 둘 다 얼마나 격려와 지지가 필요한 일이었는가?

그런데 나는 그 역할을 적절히 하지 못했다는 것을 깨달은 후 자책이 되어 많은 시간 하나님 앞에 엎드려야 했다. 특히 첫째가 받아온 급여는 전쟁터에서 목숨을 건 대가였는데 귀국해서 집안의 어려운 일 처리하는 데 대부분이 사용되었다. 생각할수록 한없이 고맙고 미안한 마음이다. 어떤 모양으로든 갚아야 한다는 마음이 드는 것은 목숨값이기 때문이다. 아들이 바라서가 아니라 부모의 부족함을 만회할 방법을 생각해 보는 것이다.

모범생인 두 아들은 힘든 경험들을 통해 무척 성숙해졌다. 교회 공동체 안에서 자매를 만나 결혼도 하고 부모의 부족함을 교훈 삼아 잘 살아가는 모습을 볼 때 듬직하게 느껴진다. 두 아들의 순수한 헌신을 주님이 보셨기에 결코 헛되지 않을 줄 믿는다. 모든 상황 중에도 인도하신 하나님의 은혜에 감사를 드린다.

성격 좋은 아이

처음 셋째가 임신된 사실을 알았을 때 딸이면 좋겠다는 생각이 들었다. 아들만 둘이니까 이번에는 딸을 낳고 싶다고 간절히 기도했다. 시장에 가서 여자아이 머리를 묶을 분홍색 핀을 사고 아기 이불도 분홍색 천으로 만들었다. 그런데 '그건 네 생각이지~!'라는 마음이 들었다. 결국 또 아들이 태어났다.

9년 만에 태어난 아이였다. 큰애들을 키워본 경험을 살려 정성껏 양육하려고 했다. 아이 하나 키우는 일은 쌍둥이 때보다 훨씬 쉬웠다. 옹알이에 반응해 줄 수 있고 둘러업고 시장에 가고 외출도 가능했다. 남편도 기저귀를 갈아주고 눈을 맞추며 잘 놀아주었다.

유치원 때 원장 선생님은 아이가 성격이 참 좋고 두뇌도 좋고 두상도 예쁘다며 어떻게 키웠는지 자기 아이와 비교하면서 구체적으로 묻기도 했다.

초등학교 때 친구가 많고 인기가 있었다. 친구들을 집으로 몰고 오면 많은 여자애도 함께 왔다. 초등학교 2학년 생일 때도 여자아이들이 함께 와서 풍선을 불어 거실을 장식하는 등 파티 분위기를 연출하여 놀기도 했다.

가정은 희생할 만한 가치가 있다

당시 아이는 별명이 '빨강 모자'였다. 약간 다른 빨간색 모자 두 개를 번갈아 쓰고 다녔기 때문이다. 개성이 강한 아이는 노란색도 좋아해 옷이나 우산은 노란색을 고집하기도 했다.

*
일탈

초등학교 3학년 때 일이다. 아이가 반장이 되었다고 임원 회의에 참석하라는 담임선생님의 연락을 받았다. 그런데 회의 때 임원 엄마들이 우리 애가 반장이 된 것에 대해 불만을 나타냈다. 정당하게 반장이 된 게 아니라 친구에게 "너, 나 안 찍으면 죽어!" 하고 위협했다는 것이다. 친구들을 윽박질러 된 것이니 반장을 다시 뽑아야 한다고 했다. 나는 우리 아이의 상황을 처음으로 알고 놀랐다. 모범생인 자기 형들과는 많이 달랐다. 그동안 엄마로서 아이의 학교생활에 대해 무관심했던 것에 대해 반성이 되었다.

선생님은 친구들이 뽑았으니 일단 두고 보겠고 다시 뽑을 수도 있다고 했다. 하지만 선생님이 도와주어 한 학기 동안 다시 뽑는 일은 없었고 나는 학교에 자주 가서 학급 일이나 청소를 도와주었다.

셋째는 애들을 다룰 줄 알았고 배려심도 있어 인기가 높았다.

싸우다 맞고 오기도 했지만 자라면서 그렇게 크는 것으로 생각했다. 6학년 때 어느 날, 반장인 우리 아이에게 담임선생님이 심부름을 시켰다. 준비물을 못 챙겨온 친구들의 물품을 학교 앞 문구점에서 사 오라고 시킨 것이다. 그런데 아무리 기다려도 교실로 돌아오지 않자 선생님이 몹시 화가 나 우리 집으로 전화를 걸어오기도 했다.

아이는 점점 친구들과 어울려 다니며 귀가 시간이 늦어졌다. 골목에서 공놀이하다 유리창을 깨뜨리기도 하고, 출고된 지 하루밖에 안 된 남의 새 차에 작은 기스를 내고 큰돈을 물어주는 등 크고 작은 일들이 이어졌다. 아이가 학교에서 '짱'이라는 소리를 어디선가 듣는 순간 가슴이 철렁했다. 공부 안 하고 말썽만 피우는 문제아로 들렸기 때문이었다. 교문 앞을 지킬 수도 없고 염려스러운 일이 아닐 수 없었다.

친구들과 함께 일탈 행위가 계속 이어졌다. 벌칙을 주고 회초리도 들어 보았지만 변화가 없었다. 나도 일을 하고 있던 때라 시간을 내 적절히 대처하기가 어려웠다. 남편은 야단치는 내게 오히려 시끄럽다고 소리 지르며 내게서 매를 빼앗아 부부싸움으로 이어지기도 했다.

환경을 바꾸어야겠다는 생각이 들었다. 매일 아침 아이를 붙잡아 함께 큐티를 하며 중학교를 어디로 가야 할지 인도해 주시도록 1년 가까이 기도했다. 놀랍게도 우리 애 혼자만 다른 중학교로 배정받았다. 그것도 미션스쿨이었다. 같이 놀던 친구들 한 명도 같은 학교에 갈 수 없게 되었다. 아이가 붙임성이 있어 새 학교에서 곧 친구들을 사귀는 것을 보았다. 뭔가 달라질 것이라 기대되었다.

✽
질풍노도

학교가 바뀌면 달라질 줄 알았는데 예측할 수 없는 일들이 일어났다. 학교를 마치면 이전에 놀던 동네로 가서 옛 친구들을 만나는 것이었다! 어처구니가 없었다.

남편은 주의를 주거나 타이르지 않았다. 자신이 기분 나쁘지 않으면 애를 내버려 두었다. 크게 야단치는 내 소리가 시끄럽다며 되레 고함을 지르니 난 어쩔 수 없이 집이 조용한 쪽을 택할 수밖에 없었다.

점점 통제하기가 어려웠다. 가르침에 따르지 않아 회초리를 많이 맞고 형들에게 맞기도 했다. 그럴수록 숨기는 일과 거짓말이 늘어났다. 점점 큰일이 벌어지기 시작했다. 면허증도 없이 오토바이를 타고 달리다 경찰에게 쫓겨 도망 다녔다. 자동차 밑에 숨거나 담을 몇 개나 뛰어넘어 경찰을 따돌리기도 했다. 그러다 다리를 다쳐 만신창이가 된 채 집에 들어오기도 했다. 경찰서에 잡혀 들어가는 일이 잦아졌다. 전화벨이 울리면 가슴이 철렁했다.

경찰에서 부모 호출이 있을 때면 남편이 가서 반성문을 썼다. 처음에는 경미한 일들이라 보호관찰을 했는데, 문제가 거듭되니 사회봉사 명령도 이행해야 했다. 사고가 커지고 빈번해지니 일이 검찰에서 소년원으로 넘어가려는 상황이 되었다.

고심 끝에 멀리 경기도로 이사를 감행했다. 멀리 떨어진 다른 학교로 전학을 시켜 중3을 새롭게 시작하기를 기대했다. 이제는 친구들과 멀어지게 될 것이었다.

새 학교는 집에서 5분 거리에 있었다. 가까운 곳에 가면서 엄마도 하지 않는 귀걸이를 하고 가방도 안 메고 갔다. 귀걸이 때문에 선도부에 걸리니 빼고 가라고 하면 정문 앞에서 뺀다고 걱정하지 말라고 하고서, 선도부에 걸리면 교실로 안 들어가고 되돌아 집으로 와버렸다. 그리고 주말이면 다시 살던 곳의 친구를 찾아가는 것이었다.

나중에는 시간만 나면 옛 친구들에게 갔고 방학 때는 보름씩 집에 들어오지 않았다. 안 나갈 것처럼 반바지에 슬리퍼 신고 있다가 갑자기 사라져 버리곤 했다. 옛 동네에 살 때는 안 들어오면 찜질방을 뒤져 찾아오기도 했는데 이제는 그러기도 어려웠다. 핸드폰은 꺼져있어 연락이 닿지 않았다. 며칠 만에 들어올 때 보면 몰골이 말이 아니었다. 다리가 오토바이 연통에 데이고 넘어져 팔이 찢어져 상처투성이가 된 팔다리를 질질 끌다시피 하며 들어왔다. 바라보는 마음이 이루 다 말할 수 없이 속상하고 안타까웠다. 집의 경제적 어려움을 알기에 돈이 들어갈 일이 터지면 아이는 초인적인 힘으로 도망 다녔다. 다리를 절뚝거리면서도 아프다는 소리를 안 했다. 어떤 날은 새벽녘에 돌아오면 미안했던지 벨을 못 누르고 문밖 차가운 콘크리트 바닥에서 쪼그려 잠들어 있을 때도 있었다.

교회 목사님은 설교에서 "문제아 뒤에는 문제 부모가 있다"고 했다. 당시 나는 문제아에만 초점을 맞추고 있어 깨닫지 못하고 점점 자포자기 상태가 되고 근심이 깊어졌다. 무책임하고 역할을 제대로 못 하는 남편을 향한 분노와 생활고에 이어 아이 문제까지 겹치니 사는 게 버거웠다. 이러다가 정말 아이가 사람 노릇 못하게 되는 건 아닌지, 어떻게 해야 할지 아이를 바라보는 마음이 걱정과 두려움에 휩싸였다. 아이를 어떻게 지도해야 할지 몰라 전전긍긍하고 늘 초긴장 상태였다. 일이 터져 돈 들어가는 일이 생기지나 않을까 걱정이 들어 아이의 문제는 또 하나의 큰 고난이었다.

'이것까지 경험하게 하시는구나! 내려놓자, 맡기자, 주님이 인도해 주실 거야. 여기가 끝이 아니잖아?' 주님의 도우심을 구했지만 문제는 해결되지 못했다. 몸이 아파 일을 쉬고 있던 때에 마음까지 녹초가 되어 지쳐갔다.

그런데도 어떻게든 아이를 주일예배에 데리고 다니고 수련회에도 보냈다. 아이가 교회 입구에서 중고등부가 모이는 교육관 쪽을 향해 가는 것을 보고 예배하러 들어갔다고 생각했다. 그런데 가는 척하다가 담을 넘어 옛 친구들에게로 도망친 것을 나중에 알았다. 교회 안에서도 문제아로 알려졌다. 어디로 튈지 몰라 강압적으로 대할 수도 없었다.

✻

진학

아이는 수업 일수를 간신히 맞추고 중학교 졸업을 했다. 진학 문제로 온 식구가 가족회의를 열었고, 고등학교에 보내지 않기로 결정했다. 아이가 학교를 굴레로 여기는 듯해 공부하지 않고 졸업장만 따는 것은 의미가 없다고 생각했다. 고생을 좀 시켜볼 요량이었다.

"너 하고 싶은 대로 해라. 공부는 철들고 나서 해도 된다"고 말해주었다. 주유소 알바를 하든지 공장을 가든지 용돈을 스스로 벌어서 쓰고 하고 싶은 대로 하라고 자유를 주었다.

얼마 후 관내 미션스쿨 고등학교에서 우편물을 보내왔다. 학교 안내문과 함께 등록금과 교복값 등 적지 않은 금액의 고지서가 들어있었다. 우리는 학교를 보내지 않기로 했기 때문에 애써 외면하고, 교회 목장 모임에서 이 문제를 나누었다. 이미 아이의 문제를 다 알고 있었다. 목장에서는 아이를 학교에 보내야 한다고 말했지만 내 마음은 닫혀있었다. 목장 식구들은 함께 기도하자고 하면서 등록금 일부를 마련해 주는 사랑을 보여주었다. 결정을 내린 뒤라 동의가 되지 않았다. 고심 끝에 내 생각을 고집하지 말고 공동체의 권유를 받아들여야 할 것 같았다. 나는 아이의 앞길을 놓고 오직 주님의 도우심을 구할 수밖에 없었다.

진학 중지 결정은 아이에게 나름 충격 요법을 쓴 것일 뿐 집을 나가도 된다는 것은 아니었다. 그런데 애는 집을 나가 마음대로 살려고 계획했던 모양이다. 며칠 뒤, 아이가 친구들과 의논해 디데이를 잡고 옷과 필요한 것들을 가방에 담아두고 새벽을 기다렸다. 모두가 잠든 새벽에 집을 뛰쳐나갈 생각이었다.

고요한 새벽 시간, 모두 잠에 곯아떨어졌다. 아이는 살금살금 방문을 열고 가방을 손에 들고 거실로 나갔다. 그때 어디선가 누가 우는 소리가 들렸다. 뭔가 중얼거리면서 흐느껴 울길래 귀를 쫑긋해 들었다. 조용한 시간이라 작은 소리도 똑똑히 들렸다. 엄마가 울면서 기도하고 있는 게 아닌가? "예배를 잘 드리고 친구들보다 부모 말을 귀담아듣게 하시고 이제는 방황을 끝내게 하소서." 아이는 바로 자신을 위한 기도라는 것을 알았다. 한참을 그대로 서서 듣고 있다가 현관으로 향해야 하는 발걸음이 자신도 모르게 다시 방으로 향하는 것이 아닌가? 방으로 들어간 뒤 그냥 나가버리면 안 될 것 같은 생각에 벽을 기대고 앉아있다가 그대로 잠들어 버렸다.

나중에 아이가 그 이야기를 해주었다. 그때 나가버리지 않고 왜 다시 방으로 들어갔는지 잘 설명할 수는 없는데, 기도 소리는 귀에 쟁쟁했다고 한다. 왠지 그대로 나가버리면 영영 집으로 돌아오지 못할 것 같은 생각이 들었다고 한다.

주님이 간섭하신 것이다. 무엇으로도 막을 수 없이 엇나가던 녀석의 발목을 붙잡았던 것은 기도였다. 그 당시 난 몸도 힘들고 아이 문제까지 겹쳐 처절한 마음에 하루도 기도하지 않고는 견딜 수 없었다.

고등학교 입학식을 일주일 남겨놓고 아무래도 학교를 보내야 할 것 같은 마음이 들었다. 학교에 전화를 걸었다. 혹시 선배들이 입던 교복 상의를 구할 수 있을지 알아보기 위함이었다. 어떤 남자 분이 수화기 너머 따뜻하고 인자한 목소리로 응답해 주었다. 문의하는 말을 듣고 조심스럽게 학생 이름 등 몇 가지를 물어왔다. 내 질문을 재차 확인하더니 "본인이 이 학교의 교장입니다"라고 하는 것 아닌가? 그러면서 아이의 교복을 선물하겠다고 말했다. 내가 놀라고 당황스러워하자 어려워하지 말고 지정 교복센터에 가서 찾아 입고 입학식 날 오라고 했다.

'아~ 하나님께서 아이를 학교에 보내라고 하시는 게 맞구나!' 구겨지고 상한 마음을 추스르며 죄송한 마음으로 하나님께 감사를 드렸다. 입학식 날 교장 선생님을 찾아뵙고 머리 숙여 감사를 드렸다.

∗
은혜 입은 아이

입학을 앞두고 걱정이 이만저만 드는 게 아니었다. 졸업까지 무사히 갈 수 있을까? 3년이라는 시간이 너무 길게 느껴졌다. 다행히 아이가 학교에 가고 싶어 했기 때문에 단단히 다짐을 받았다. 제멋대로 하지 않고 졸업 때까지 잘하겠다고. 뜻깊은 교복을 입고 천군만마를 얻은 기분으로 아이는 그렇게 고등학교에 들어갔다.

고등학교는 조용히 다니길 원했는데 입학하자마자 눈에 띄는 아이가 되어버렸다. 신입생 오리엔테이션 때 남학생 대표가 되어 여학생 대표 한 명과 같이 앞에 나가 사회를 보게 된 것이다. 내 마음대로 되는 것이 없었다. 또 무슨 일이 생기지 않을까 조바심이 났다.

우여곡절을 겪으면서도 그런대로 학교에 다녔는데, 마침내 걷잡을 수 없는 일이 터지고 말았다. 2학년 2학기 때 아이의 반에 위축되고 소외된 친구 영수(가명)라는 애가 있었다. 반장이던 아이는 자기 역할을 잘하고 싶었다. 아이는 반 애들에게 영수를 건들지 말고 왕따시키지 말라고 했다. 그런데 어느 날, 아이가 교실로 들어오다가 민준이가 영수에게 시비를 걸고 무시하는 모습을 보게 되었다. 순간 생각할 겨를도 없이 아이가 민준이를 한 대 쳐서 코피가 터졌다.

그 일은 즉각 학교폭력 사건이 되어 징계위원회에 올라갔다. 민준의 부모는 가만히 있지 않았다. 아이와 라이벌 관계에 있던 민준이는 이번 사건을 큰 문제로 삼기로 작정했다. 반 애들에게 우리 아이의 모든 사소한 잘못도 다 쪽지를 쓰게 해서 학폭위원회에 넣었다. 그것들은 지속적인 학폭 문제로 보여졌다. 퇴학 결정이 날 것 같은 상황이 되었다. 문제가 심각해졌다.

가정은 희생할 만한 가치가 있다

나는 망연자실했다. 남편은 상황에 대처할 길이 있는지 알아보고 다녔다. 발버둥 쳐봐야 안 되는 일이라고 만류했지만 가만히 있을 수 없다고 했다. "1%의 가능성만 있다면 끝까지 애써보겠다"며 뛰어다녔다. 학교 위원회의 때 찾아가 빌기도 하고 알지도 못하는 학교 이사장까지 찾아가는 등 퇴학을 막기 위해 온 힘을 다했다. 형들도 괜한 노력을 하지 말라고 얘기했다. 하지만 남편은 "나는 아버지가 없어서 어려운 일 당했을 때 의지할 사람도, 도와주는 사람도 없었다. 내가 아버지인데 할 수 있는 일은 다 해볼 것이다"라고 무모할 정도로 마음을 굽히지 않았다.

학폭위원회와 징계위원회가 거듭 열리고 퇴학 명령이 예측되는 상황이었다. 퇴학으로 결정이 나면 다른 학교로 전학도 할 수 없어서 나는 자포자기 심정이 되었다. 앞으로 어떻게 아이를 이끌어야 할 것인지 걱정이 태산 같았다.

그래도 고등학교에 다니는 동안은 오토바이를 타지 않았다. 옛 친구들을 만나러 가도 학교 일정에 맞추어 돌아오고 주로 집 근처에서 놀았기에 이제 방황이 끝나간다고 생각했다. 단지 감정 처리가 미숙해 즉흥적으로 거친 행동이 나온 게 사실이었다.

교회에서 한마음으로 힘써주어 큰 힘이 되었다. 담당 전도사님이 두 번이나 학교에 방문해 선처를 부탁했고, 목장 모임에서 연관

장을 돌려 알지도 못하는 수십 명의 성도가 우리 아이가 좋아지고 있다고 믿고 서명해 주었다. 목장의 목자는 연판장을 들고 학교를 거듭 방문해 주기도 했다.

우리는 마지막 학폭위원회에 불려갔다. 남편은 목장 모임에서 조언을 받은 대로 편지를 써서 가지고 갔다. 최후로 소명하는 시간에 떨리는 목소리로 편지를 읽었다. 문제를 일으킨 아이 뒤에 문제 부모가 있었다. 아이가 학교에 다니고 싶어 하니 한 번만 기회를 주시도록 선처를 부탁한다는 내용이었다.

10명의 학폭위원 선생님 중 2명이 아이 편에서 퇴학은 안 된다며 적극적으로 반대해 주었다. 선처할 부분이 있다면서 가능성이 있는 이런 애들을 바르게 가르치는 곳이 학교라고 적극적으로 변호해 주어 감동이 되었다. 아이를 잘 이해하고 말해주는 선생님도 있어서 정말 뜻밖이었고 희망을 가져보기로 했다.

우리는 목장 모임 식구들과 함께 열심히 기도하며 결과를 하나님께 맡겼다. 결정이 미루어지고 예정 시간보다 일주일이나 지난 후, '보름간의 정학 처분'이라는 선물 같은 통보가 내려졌다. 이런 결정이 학교에서 처음이라고 했다. 문제아가 많아 퇴학당하는 아이들이 많았기 때문이었다.

이 학교는 현재 이 지역에서 가장 명문고가 되었다. 매년 일류 대학에도 몇 명씩 입학시키고 있다. 기독교 정신으로 주변 중학교에서 성취도가 약한 아이들을 가능한 한 받아들여 선도하고 이끌어 주는 학교다. 아이 일을 생각할 적마다 여러모로 학교와 교회 공동체에 은혜를 입은 자가 되었음이 느껴져 감사를 드리지 않을 수 없다.

성숙의 길

최종 통보를 들은 아이는 다시 학교에 가게 된 것을 대단히 좋아했다. 집에서 여러 날 지내는 동안 몇 번 훌쩍거리기도 하면서 자신을 돌아보는 계기가 되었다. 억울해서 분통 터져 하기도 하고, 친구로 생각했는데 자신을 모함한 애들에게 섭섭함도 느끼며 내면이 성숙해 가는 좋은 경험이 되었다.

반성하고 다짐하는 정학 기간은 겨울 방학으로 이어졌고, 자숙하는 시간을 보낸 후 이듬해 새로운 마음으로 고3을 맞이했다. 3학년 때는 "너를 바르게 잡아보겠다"고 몽둥이를 들고 사랑의 미소로 다가오는 호랑이 선생님이 담임이 되었다. 가능성이 있다며 우리 아이를 주목해서 바라보았다. 문제 아이들이 모인 반이라 손에서 매를 놓지 않는다고 했다. 지금으로써는 생각할 수 없는 얘기다.

아이는 걸을 수 없을 만큼 종종 매를 맞곤 했지만 집에서 아파하는 모습은 보인 적이 없었다. 그렇게 1년을 공부하고 낮은 등급이지만 대학에 진학하는 이변을 보이며 질풍노도와 같이 요란한 중, 고등 시절의 막을 내렸다.

질풍노도의 시기는 좌절감과 불만이 가정환경과 기질적인 면에 맞물릴 때 나타난다고 한다. 격한 감정과 부족한 사고로 정서적인 동요가 심한 때인 것이다. 돌아보면 아이를 탓할 수가 없다. 개성이 강한 아이에게 원하는 것이나 필요한 것을 공급해 주지도 못했다. 마음을 읽어주려고 정서적으로 다가가지도 못했다. 미성숙한 우리 부부는 서로 싸우느라 아이에게 화목한 가정의 모습을 보여주지 못했다. 연약한 우리 부부의 투영이다.

아이의 일을 겪으면서 자녀는 나의 소유가 아님을 깨닫게 되었다. 아이는 내가 의도하는 대로 되지 않는다는 것, 하나님께 온전히 맡겨드려야 하는 것을 온몸으로 알아가게 되었다.

아이는 취업과 알바를 거듭하며 그동안 직장에 정착하기까지 기질적으로 어려움이 있었다. 감사하게도 지금은 어엿한 직장인이 되어 하는 일에 인정을 받으며 역량을 쌓아가고 있다. 유난스럽게 보낸 사춘기의 경험이 유익한 면도 있었지만 단점을 보완해야 한다는 것을 스스로 느끼며 성숙해 가는 길목에 있다.

가정은 희생할 만한 가치가 있다

하나님께서는 우리 부부의 관계가 회복해 가는 만큼 아이들도 안정을 찾아가는 것을 보게 하셨다. 나무를 보고 열매를 안다고 했는데 더욱 기도의 거름을 주며 정녕 꼭 필요한 열매를 맺도록 끝까지 주님을 바라볼 것을 다짐하게 된다.

5. 온전한 첫 월급

✳

가정예배

일을 그만두고 나니 재정 마련이 문제였다. 임대아파트 월세를 내야 하고 은행 융자도 갚아가야 했다. 그러나 여러 번 경제적인 밑바닥까지 내려가 봤기에 크게 두렵진 않았다. 주님이 우리 가정의 필요를 해결해 주실 것이다. 혹 다시 극한 상황을 경험하더라도 주님의 계획 가운데 허락된 것을 믿기로 하며 몇 달만 쉬자는 마음이었다.

가정예배를 드리자고 식구들에게 제안했다. 남편은 마지못해 동의했고 곤고한 상태에 있던 셋째 아들은 싫어하지 않았다. 횟수가 거듭되자 너무 길다는 불만이 있어 매일 하던 것을 주 1회로 줄이고 계속 이어갔다.

코로나가 창궐해 외출이 자유롭지 못했다. 교회에 모이기도 어려워 가정예배가 자연스러워졌다. 성경을 조금씩이라도 함께 읽을 수 있어 감사했다. 말씀을 읽을 때 남편과 아들에게 성령님이 말씀으로 찾아오시기를 기도했다.

그리고 남편이 일을 할 수 있도록 도와주시기를 기도했다. 나이가 70세이어서 원하는 일을 할 수 없었다. 하지만 100세의 아브라함에게 기적을 보이신 하나님이 남편에게도 역사하셔서 이제라도 돈도 벌고 실추된 명예도 되찾아 가장의 역할을 할 수 있게 해주시기를 기도드렸다.

가능성이 있어 기도했다기보다 위축되지 말라는 마음이 컸다. 이제는 될 수 있으면 돈과 관련된 얘기는 피하고 있는 그대로 대하니 어느 때보다 잘 지낼 수 있었다. 남편을 더 이해하게 되고 지나친 혈기를 보일 때도 적절하게 대처할 수 있게 되었다.

몇 년 전 남편은 내키지 않는 아파트 경비와 건물 관리 일을 해보고자 면접을 간 적이 있었다. 하지만 고분고분하지 않은 태도에 채용해 주는 곳이 없었다. 무슨 일이든 하겠다는 마음이 없어서 일하는 것을 기대하기는 어려웠다.

가정예배를 드리기 시작한 지 몇 달 후, 기적 같은 일이 일어났다. 한 회사 대표로부터 남편에게 같이 일해보자는 연락이 온 것이다. 회사 대표는 20여 년 전부터 알고 지내던 사람이었다. 한 가지 아이템으로 연구하고 노력한 결과 어엿한 중소기업을 이룬 사람이었다.

다음 날, 남편이 대표를 찾아가 만났다. 대표는 최근 투자를 많이 하고 성과를 낼 방법을 찾고 있었다. 회사 성장에 새로운 길을 개척해야 해서 여기에 함께 일할 적임자가 필요했다. 새로운 아이템이 시작되어 지점을 내고 싶은 사람들이 많은 문의를 해오는데 관리할 사람이 필요했다. 남편은 이들을 교육하고 문제가 생겼을 때 큰 목소리와 저돌적인 성향으로 이들을 대처하기에 적임자였다. 맡겨진 일은 본인이 제일 잘할 수 있는 일이었다.

이전에 남편과 함께 일했던 대표는 남편의 성격을 잘 알고 있었다. 기분이 나빠지면 즉시 거친 말을 내뱉는 것도 알고 있었고 나이도 남편이 더 많았다. 망설였지만 꼭 필요해서 결정했다며 함께 잘해보자고 불렀다는 것이다.

이건 놀라운 일이었다. 늦은 나이에 중역으로 임명되어 일하게 된 것이다. 나는 "어머나, 세상에 이런 일이 있네요! 당신은 정말 영업 9단이었네!"라고 크게 칭찬을 했다. 사회적 나이가 100세인데 월급쟁이로 취업하다니, 이건 하나님이 행하신 일이었다. 상품에 대해 들으니 아이템은 정말 좋았다.

생각할수록 기적이었다. 월급을 받고 일하는 것은 내가 그토록 원했던 일이다. 오랫동안 경제 활동을 위해 노력하지 않아 나는 원망과 불평이 많았다. 하지만 이제 늦은 나이에 무얼 바라겠는가, 예수 잘 믿고 함께 교회 일에 봉사하며 지내기를 바랄 뿐 기대하지 않았다.

남편은 잠도 많고 부지런한 사람이 아니다. 자유분방하여 짜인 틀에 매이는 것을 견디지 못하는 사람이다. 그런데 어찌 된 일인지 출근하는 첫날부터 확 달라진 모습을 보였다. 새벽기도를 다녀오니 벌써 씻고 밥 먹을 준비를 하고 있었다. 지하철에 사람이 많다고 한 시간 일찍 나갔는데 사무실에 가장 먼저 출근했다고 한다.

컴퓨터를 써서 교육하는 것에 익숙하지 않아 답답해했다. 그동안 영업을 위한 강의를 할 때 칠판에 쓰면서 하는 게 편했다. 그런데 일찍 나가 제작된 영상 자료를 연습하더니 마침내 PPT 자료를 띄워놓고 교육할 수 있게 되었다고 뿌듯해했다.

그동안의 현장 영업 경험이 많기에 자신감이 있어 보였다. 집에서만 자기를 인정하지 않을 뿐 밖에서는 그렇지 않다고 해서 나도 당신을 인정한다고 치켜세워 주었다.

하나님이 하신 일

한 달가량 지나 급여일을 며칠 앞둔 날, "당신 신용에 문제가 있으니 급여가 내 통장으로 이체되게 하자"고 제안했다. 남편은 설명을 끝까지 듣지도 않고 자신이 알아서 하겠다고 내 말을 막았다. 예상은 했지만 마음이 착잡했다.

다음 날 조심스레 다시 얘기를 꺼냈더니, "통장에 돈이 들어있어도 저들이 마음대로 꺼내 가지 못해. 목이 터지라 힘들게 고생해서 번 돈인데, 내가 알아서 할 거야!"라고 했다. 당당한 태도에 더 이상 할 말을 잃었다. 돈이 내 통장으로 이체되어야 각종 지출과 공납금을 낼 수 있는데 어찌해야 하나 싶었다. 본인이 관리를 잘하지도 못하면서 또 마음대로 쓰고 싶어서 그러는데 어떻게 대처해야 하나? 싸우면 더 멀어질 것 같고 예전처럼 놔둘 수도 없어 적절한 기회를 기다렸다. 기도하며 주님이 일하게 하셨는데 수고한 대가가 가정을 위해 적절히 쓰이도록, 남편 마음이 너그러워지고 내 마음도 상하지 않게 돌보아 주시도록 지혜를 구했다.

며칠 뒤 다시 부드럽게 말을 꺼냈다. 내가 어떤 사람인지 알지 않느냐고, 지난날을 생각해 보자고, 당신 스스로 "내가 왜 그랬는지 몰라! 내가 번 돈을 다 갖다 주었으면 우리는 빌딩을 샀을 거야!"라고 말하지 않았느냐고. 먼저 이전 일을 상기시켰다. 그리곤 하나님이 생각지도 못한 일자리를 주셨는데 당신이 옛날같이 그러면 기뻐하시겠냐고, 내가 아껴서 잘 사용하겠다고, 아이들도 아빠가 어떻게 하고 있는지 궁금해한다고 최대한 온화하고 간곡하게 말했다.

잠든 사람처럼 반응이 없는 그에게, 은행에 한 번만 가서 내 계좌번호를 주고 이체해 달라고 하면 매달 알아서 해준다는 말을 덧붙이고는 입을 다물었다. 더 이상 아무것도 바라지 말자 하고 마음을 추스르고자 했다. 그러나 저 사람이 끝까지 고집하면 내가 또 상처받고 속상할 것 같아 우리 가정을 불쌍히 여겨주시라고 눈물로 기도를 드렸다.

며칠 뒤 남편이 "이체되게 해놨어"라고 알려주었다. "정말이야? 어머나!" 하면서 진심으로 고맙다고 맞장구쳤다. 본인이 생각해도 내가 관리를 하는 게 좋겠다고 생각한 것 같았다. 하나님이 남편 마음을 만지시고 나를 불쌍히 여기셨다고 생각하니 내 눈에 눈물이 그렁그렁해졌다.

나는 왜 이런 일로 남편과 여전히 힘들게 대화해야 할까? 문제가 무엇일까 생각해 본다.

급여 날이다. 오후에 월급 들어왔느냐는 남편의 문자에 '아직'이라고 답을 보냈다. 그리고 뭔가를 하느라 깜박 잊고 있었다. 남편이 퇴근하면서 지금 확인해 보라고 전화를 했다. 통장을 확인하니 우리 부부의 신뢰가 쌓이기 시작한 증거물이 숫자로 나타나 있었다.

너무도 감격스러웠다. 언제 월급을 받아보았던가? 정말 꿈에도 생각지 못했던 이런 날이 내게도 오는구나! 결혼 이후 급여가 제대로 들어온 것은 처음이었다.

집으로 오고 있는 남편에게 전화해서 기쁜 마음을 표현했다. 집에 들어온 남편은 "이혼하지 않고 살아서 이런 좋은 일도 생기는 거야"라고 말했다. 또 "식구가 있으니 이 좋은 기분도 함께 기뻐하며 얘기를 하지, 혼자면 돈이 생긴들 무슨 재미가 있겠어!" 하며 평소 같지 않은 속마음을 드러냈다. 그 말은 "당신이 이혼하지 않고 살아줘서 고마워. 돈을 안 주고 가장 노릇 못했어도 가정을 지켜줘서 고마워"라는 말로 들렸다. 나도 "당신 정말 대단하다. 어떻게 이런 능력이 있었어?" 하며 온 마음으로 칭찬했다. 내 오래 묵은 체증이 내려가는 것 같았다.

이 사실을 전해 들은 두 아들 내외가 기뻐했다. 나는 막내에게 "우리가 예배할 때 기도했던 내용을 기억하니?" 하면서, 100세의

가정은 희생할 만한 가치가 있다

아브라함에게 보이신 하나님의 능력을 아빠에게도 나타내 주시도록 기도했던 것을 상기시키며 함께 기뻐했다.

잠시 생각해 보았다. 이것이 바로 기적이구나! 이게 꿈은 아니겠지? 월급을 준 대표는 어떤 사람일까? 어떻게 나이 많고 다루기 힘든 이 사람을 불렀을까? 여러 가지 생각이 스쳐 지나갔다.

늦은 나이에 본인이 잘할 수 있는 일을 하면서 움츠리고 위축되었던 내면의 정서들이 기지개를 켜겠구나 하는 생각에 모든 것이 기쁘고 감사했다.

첫 월급에서 십일조 헌금과 건축 헌금을 드리자고 했을 때 놀랍게도 거절하지 않았다. 봉투에 헌금을 넣어 내밀었더니 본인이 직접 이름을 쓰고 교회 헌금함에 넣었다. 하나님이 하셨다고 인정하는 모습이 보였다.

✳

새벽 길목

며칠 전 지인의 자녀 결혼식에 갔다. 많은 부부를 반갑게 만났다. 가정을 이룬 커플을 찬찬히 뜯어보면 서로 다른 성향과 기질을 가진 사람끼리 만난 경우가 많다. 그것은 자신과 다른 상대방의 독특한 모습이 매력으로 다가와 호감을 느끼기 때문이다. 하지만 결혼 후엔 상대방의 다른 점이 걸림돌로 여겨지기도 한다. 상대방의 모습을 있는 그대로 받아들이고 인정하기가 쉽지 않기 때문이다.

우리 부부도 서로 다른 면을 용납하지 않고 못 견뎌 했다. 서로 다른 면을 틀린 것으로 여겼다. 또한, 수많은 갈등 속에 여러 번 이혼을 결정하고 진행 단계까지 들어갔지만, 그때마다 하나님이 막으셨다. 이 과정을 반복하면서 말할 수 없이 값진 교훈을 얻었다.

하나님이 의도하고 만드신 가정이라는 제도는 소중한 것이다. 하나님은 인간을 창조한 후 가장 먼저 가정을 만드셨다. 피 한 방울 섞이지 않은, 완전히 독립된, 서로 다른 남녀가 만나 한 가정을 이루게 된다. 가정 안에서는 서로 모든 것이 드러나고 조금씩 다듬어지면서 성숙해 간다. 부부관계만큼 모든 것이 적나라하게 드러나고 섞이고 부대끼는 관계가 또 있을까? 이렇게 가정은 하나님이 특별한 의도로 세운 제도이다. 또 다음 세대를 이어갈 자녀들이 건강하게 자라나는 곳이다.

가정의 주인은 손수 가정을 만드신 하나님이다. 부부가 서로 다르다고 그것을 견디지 못하고 갈라서는 게 아니라, 기질과 성격과 성향이 서로 다름을 인정하고 용납해야 한다. 그렇게 맞추어 가면서 생각과 습관까지도 둘이 한 몸을 이루어 갈 때 가정을 통해

가정은 희생할 만한 가치가 있다

하나님의 뜻이 이루어지는 것이다.

오늘날 이혼이 만연한 세상이 되었다. 자기중심적인 가치관이 도도히 흐르고 있다. 세상은 모든 것을 자신의 기준으로 판단하고 결정하라고 가르친다. 그 안에 하나님의 다스림이 없다. 문제를 일으킨 남편과 아내는 용서를 구하지 않고, 용서를 구해도 상대를 용서하거나 용납하지도 않는다. 가정이 깨지는 것을 쉽게 용인하는 시대가 되었다.

그러나 가정은 하나님이 만드셨고 하나님이 다스리고 계시는 신비한 성소다. 가족이 하나님의 사람으로 성숙해 가며 성장해 가는 보금자리다. 가정을 통해 하나님의 뜻을 이루기 위해 그리고 가정을 깨뜨리려는 악한 세력으로부터 지키기 위해 가정은 내가 희생할 만한 가치가 분명히 있다. 그 희생의 고통은 때가 되면 넉넉히 보상받는다. 우리의 가정이 내가 주인이 아니라 하나님이 주인 되어 다스리는 곳으로 회복되기를 소망한다.

우리 부부는 아직도 주님 안에서 살아가는 것을 자주 잊어버린다. 하지만 분명 예전 같지 않다. 우리 가정의 주인이신 하나님 안에서 부부 서로 간에 이해와 배려가 더해가는 중이다. 우리는 오늘도 회복으로 가는 어귀에 있다. 칠흑같이 어두운 밤을 지나고 새벽이 오는 길목에 서 있다.

에필로그

하나님께서는 내가 물 가운데 불 가운데로 지나올 때마다 함께해 주셨다(사 43:2, 3). 고난의 순간에는 믿음으로 반응하지 못할 때도 많았지만, 마침내 약속의 말씀처럼 가정의 위기를 이겨내도록 도와주셨다. 때마다 시마다 세심하게 돌보아 주시고 그 과정 중에 가정의 소중함을 일깨워 주셨다. 하나님의 구원 여정은 결혼으로 만들어진 가정에서부터 출발하는 것을 배웠다.

요즘은 시대적 변화에 따라 가족의 형태가 다양해졌지만, 성경에서 가르치는 가정의 가치와 의미는 변할 수 없고 영원히 변하지 않을 것이다. 에베소서 5장 21절은 가정 안에 부부가 어떠해야 하는지 말하고 있다. 부부는 피차 복종하는 관계여야 하는데 그것도 '주께 하듯' 해야 한다고 말한다. 그것은 남편이 가정의 머리이기에 아내가 섬겨야 하고, 남편은 아내 사랑하기를 예수님이 교회를 사랑하여 자신을 내어주듯이 그렇게 사랑해야 가정에 질서가 세워지고 건강한 가정이 될 수 있다는 말씀이다.

나는 오랫동안 이 말씀을 들어도 깨닫는 마음과 알아듣는 귀가

가정은 희생할 만한 가치가 있다

없어서 내게 주시는 말씀으로 적용하지 못했다. 내 편리한 대로 해석했다는 생각이 든다. 남편이 잘못한 점만 보여서 실천하기가 참으로 어려웠다.

가도 가도 끝이 없을 것만 같던 내 삶이 시나리오 작품 같다는 생각이 들었다. 둘러보았더니 내 주변의 많은 사람들이 나처럼 우여곡절을 겪고 있었다. 신앙 안에서 쉽게 넘어갈 수 없는 다양한 사연들이 나를 주목하게 만들었다. 글쓰기는 내 상황을 기록해 보고 싶다는 생각에서부터 시작되었다.

글쓰기는 마침 남편이 일하게 되어서 마음 편히 해볼 수 있었다. 글을 쓰면서 오래전 기억을 더듬어야 했고 자꾸 이것저것 생각을 거듭하는 상황에서 과거를 깊이 회상하게 되었다. 글자에 절제된 용어로 감정을 표현해 봤을 뿐인데 나 스스로 놀라운 변화를 경험하기도 했다. 어린 시절의 배경을 처음으로 꼼꼼히 들여다보게 되었고 기억 저편에서 희미하게 떠오르는 옛일, 잊어버렸던 일들이 생각나서 글감이 풍성해졌다. 뜻밖에 당시 상황의 감정들을 경험하기도 했다. 글을 중단하고 마우스를 놓은 채 가슴을 부여잡고 소리 내어 울기도 했다. 글쓰기는 내가 생각했던 것보다 아주 특별한 일이었다. 그 마음이 있어 글을 끝낼 수 있었다.

"고난 당한 것이 내게 유익이라"(시 119:71)는 말씀처럼 고난의 시간은 모나고 거친 내 모습이 다듬어지는 기회였다. 내 자아가 죽지 못했다는 것과 세상과 구별되지 못한 정체성을 갖고 살았음을 알게 되었다. 고난은 내가 서 있어야 할 위치를 알게 하고 스스로 절제할 수 있게 해주었다. 이것이 은혜라고 믿는다. 줄로 매어 구분해 주신 곳에 있어야 진정 아름답다는 것을 알게 해주신 것이다.

예수님은 "너희는 세상과 같지 않다"고 말씀하셨다. 그것은 구별됨이고 자기 부인이며 십자가를 지는 길이다. 행동을 절제하고 감정을 다스리고, 때로는 싫은 것도 잠잠히 참아 기다릴 줄(시 37:5) 알아야 한다는 말씀이다. 내가 한 남편의 아내이고 아이를 둔 엄마이니 가정을 위해 희생도 하고 인내할 수 있어야 한다는 말씀으로 나는 받아들인다. 내게 고난이 없었다면, 주님을 간절히 찾는 목마름이 있었을까?

그것은 내 힘으로 되는 게 아니었다. 내 십자가를 지고 피 흘리기까지 죄와 싸워야(롬 12:4) 하는데 어찌 내 의지로 가능하겠는가? 이렇게 깨닫기까지 사건이 일어나고 또 터질 수밖에 없었던 것을 비로소 깨닫게 되었다.

신앙인으로서 삶의 현실이 이해되지 않아 오랫동안 평안이 없이 안타까운 시간을 보냈지만 하나님은 내 작은 신음에도 외면하지 않으셨다. 가정이 회복되게 하시고 가족 한 사람 한 사람마다

가정은 희생할 만한 가치가 있다

변화를 주셨다. 특히 남편을 위해 구체적인 기도를 하도록 나를 깨우쳐 주셨고 무엇을 어떻게 해야 할지 분별력을 주셨다. 안타깝도록 오랜 시간이 걸렸지만 내 죄를 보게 되고 말씀에 비추어 삶을 해석하고 가정이 회복되는 과정이었다. 이 과정을 통해 눌려있던 정서가 숨 쉬게 되었다.

광야의 경험은 나를 사람 되게 했다. 고난이 능력이 되어 내게 상처 주었던 사람을 품고 갈 수 있게 되었기 때문이다.

가정의 소중함을 깨닫고 복종하게 되고 회복으로 가는 길목에 설 수 있게 된 것은 전적으로 하나님의 은혜다. 오직 그 은혜 안에서만 사랑할 수 있고 헌신과 수고가 헛되지 않을 것이다. 주의 자녀 된 우리가 존귀한 자로 회복되는 것은 주님의 뜻이다. 오직 주 안에서 그것이 가능함을 믿는다.

산적한 일들 앞에서 겸손히 견디고 가는 것은 "너와 네 집의 구원을 얻으리라"(행 16:31)는 약속 때문이다. 오직 구원을 위해서 우리는 그렇게 할 수 있다.

아침 안개와 같은 인생길이다. 내일 또 어떤 예기치 못한 상황에 맞닥뜨리게 되더라도 그동안 인도해 주신 은혜를 생각하며 나아갈 것이다.

주님이 부족한 나를 놓지 않고 기다려 주시고 여기까지 인도하셨다. 이 은혜를 잊지 않고 믿음으로 남은 시간을 잘 분별하며 살아가야겠다.

책이 나오기까지 조심스러워하며 꼭 필요한 조언을 아끼지 않은 동생에게 고마움을 표한다. 무엇보다 책 내용이 본인의 흠과 허물인 것을 알면서도 묵묵히 지켜봐 주고 지지해 준 남편에게 진심으로 감사를 전하고 싶다.

가정은 희생할 만한
가치가 있다

초판 1쇄 발행 2024년 05월 24일

지은이 강이엘
펴낸이 류태연

펴낸곳 렛츠북
주소 서울시 마포구 양화로11길 42, 3층(서교동)
등록 2015년 05월 15일 제2018-000065호
전화 070-4786-4823   팩스 070-7610-2823
홈페이지 http://www.letsbook21.co.kr   이메일 letsbook2@naver.com
블로그 https://blog.naver.com/letsbook2   인스타그램 @letsbook2

ISBN 979-11-6054-706-1   03810

* 이 책은 저작권법에 따라 보호를 받는 저작물이므로 무단전재 및 복제를 금지하며,
  이 책 내용의 전부 및 일부를 이용하려면 반드시 저작권자와 도서출판 렛츠북의
  서면동의를 받아야 합니다.